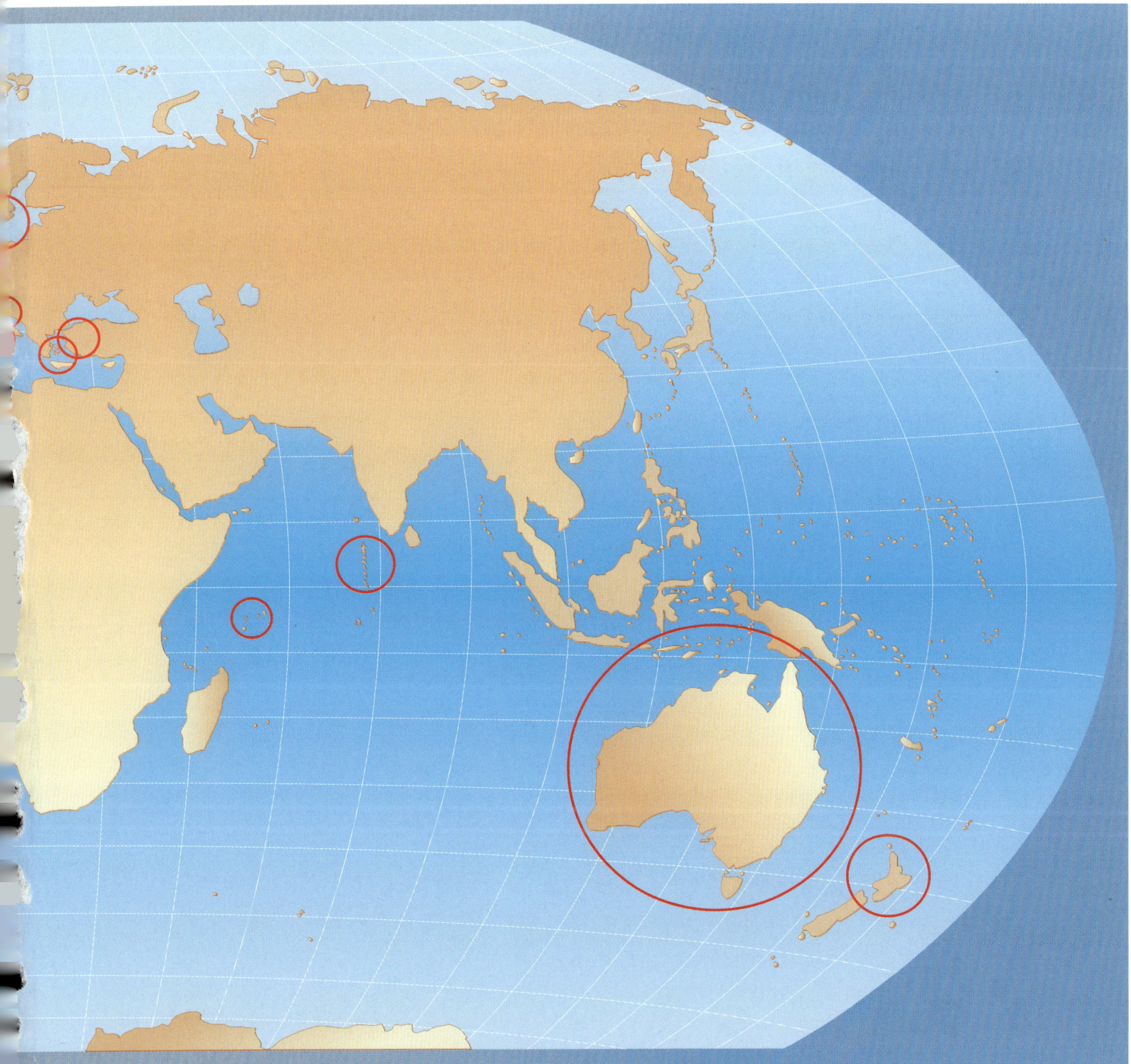

Les Plus Belles Escales *à la voile*

Les Plus Belles Escales *à la voile*

Gilles Martin-Raget

Photographies

Gilles Martin-Raget et Philip Plisson

Éditions E/P/A

CRÉDITS PHOTOGRAPHIQUES :

© Presse sport, p. 10
© Plisson, Guillaume, pp. 31, 180
© Zefa-Damm, pp. 32, 118(haut)
© Plisson/Explorer, p. 17
© Antonia Small, p. 27(bas)
© Hoa Qui, Body, Philippe, p. 35
© Hoa Qui/Buss Wojtek, pp. 37, 92(haut), 101, 110(haut), 37
© Hoa Qui/Machet, B., p. 53, 55
© Hoa Qui/Saharoff, p., 54(haut)
© Hoa Qui/Bravo, J., p. 54(bas), 99(bas)
© Hoa Qui/Renaudeau, M., pp. 41 (haut), 56(droite)
© Hoa Qui/Guittard, G., pp. 43(haut), 58, 59, 60, 61, 62, 63, 100
© Hoa Qui/Valentin, E., pp. 77(haut), 78, 86(haut), 114, 116(bas), 117(bas), 118(bas), 119, 126
© Hoa Qui/Bertrand, p. 79(bas)
© Renault, Philippe, p. 92(bas droit)
© Hoa Qui/Perouse, Bruno, pp. 23(haut), 96, 132(bas), 134(haut)
© Hoa Qui/Richer, X., pp. 45, 97
© Hoa Qui/Lesêtre, Hervé, pp. 40, 46(haut), 98
© Hoa Qui/Frilet, P./NF, pp. 106, 109(haut), 112(bas), 113
© Hoa Qui/De Wilde, P. , pp. 108, 186(bas)
© Hoa Qui/Vaisse, C., pp. 39, 111
© Hoa Qui/Carteret/NF, p. 116(haut)
© Hoa Qui/Grandadam, S., pp. 133, 136, 141 (haut gauche)
© Hoa Qui/Nichelle, p. 165
© Hoa Qui/Jozon, M., p. 183
© Hoa Qui/Jouan/Rius, p. 184
© Hoa Qui/Ruiz, H., p. 185
© Hoa Qui/Martin/Icone, p. 20
© Hoa Qui/Zimbardo, X., p. 22
© Hoa Qui/Icone/Martel, p. 23(bas)
© Arthus-Bertrand, Yann, pp. 38, 57, 170, 174, 175(haut gauche)
© Hoa Qui/Bourseiller, p. 95(bas)
© Hoa Qui/Lavaud, Marc, p. 102
© Hoa Qui/Sappa, C., p. 103
© Hoa Qui/Jolivet, Ph., p. 104(haut)
© Hoa Qui/Boutin, G., p. 172(haut)
© Hoa Qui/Duval, Paul, p. 172(bas), 173
© Hoa Qui/Pozzoli, L., p. 175(bas)
© Manfred Gottschalk/Altitude, p. 176
© Hoa Qui/Gérard, Antoine, p. 178
© Hoa Qui/Stockshooter, p. 179
© Plisson/Hoa Qui, pp. 8-9, 12, 44, 105, 132(haut)
© Martin-Raget, Gilles, pp. 11, 14, 15, 16, 34(haut), 36, 56(gauche), 64-65, 66, 67, 68, 69, 70, 71, 72, 73, 74, 75, 76, 77(bas), 79(haut), 80, 81, 82-83, 84, 85, 86(bas), 87, 88(bas), 89, 90, 91, 92(2e haut et bas droite), 93, 94, 95(haut), 99(haut), 104(bas), 109(bas), 110(bas), 112(haut) 115, 120-121, 122, 123, 127, 128(bas), 130, 131, 134(bas), 135, 137, 138, 139, 140, 141 (haut et bas), 142, 143, 144, 145, 146, 147, 148, 149, 150, 151, 152-153, 154, 155, 156, 157, 166, 167, 168, 169, 171, 175(haut droite), 177, 181
© Plisson/La Trinité, pp. 13, 19, 20(haut), 21, 26, 27(haut), 28, 29, 30, 32, 34(bas), 40-41 (bas), 42(haut et bas gauche), 43(bas), 46(bas), 47, 48, 49, 50, 51, 52, 124-125, 128(haut), 162-163, 182, 186(haut), 187, 188-189

Sommaire

Art de vivre,

la croisière est aussi un art du voyage...

Larguer les amarres n'est pas seulement un symbole. Lorsque l'on a la chance de partir en croisière, larguer les amarres, hisser les voiles, ces gestes opèrent une vraie coupure. Soudain, le rythme trépidant de la vie terrestre disparaît. La nature reprend ses droits et le navigateur est tenu par ses devoirs. Plus de voitures, plus de télévision, tout juste une radio. Plus de foule non plus, ni d'embouteillages. La mer nous offre la formidable possibilité de redevenir seul maître de notre destin.

La croisière art de vivre nous permet de choisir une route, un port, de partir, de continuer ou de faire escale sans avoir de compte à rendre à personne. Ce n'est pas tout à fait la liberté car le bateau réclame des soins ; le vent, les vagues et les courants sont là pour rappeler que dans tout paysage maritime, l'homme et son bateau ne sont que des quantités négligeables pour la nature et l'oublier serait dangereux. Naviguer oblige à se regarder en face, à gérer ses efforts, sa fatigue. Vivre à bord en équipage permet d'aller plus loin avec les autres, de partager des émotions, de faire la part des choses : une belle école de savoir-vivre.

La croisière art du voyage peut facilement devenir, en un lent cheminement vers l'infini, un périple à l'échelle planétaire. La croisière n'est pas seulement une manière de visiter, c'est aussi une manière de vivre, de découvrir, de rencontrer. Que l'on préfère les rigueurs nord atlantiques ou les douceurs tropicales, la démarche sera la même. Courir la mer pour aller à la rencontre d'autres paysages maritimes, d'autres hommes, d'autres navigateurs. Se promener sur sa maison navigante, quelle que soit sa taille, pour une escapade d'un jour, d'une semaine ou de plusieurs mois. Partir seul, avec ses proches ou avec ses amis. Arriver quelque part, dans un mouillage inconnu ou dans un port célèbre qui n'aura jamais le même aspect. La lumière semblera toujours différente, les vagues auront des formes nouvelles, le vent viendra d'une autre direction, les nuages auront changé.

C'est parce que nous aimons naviguer en croisière que nous avons voulu faire ce livre. C'est parce que nous avons navigué, l'un ou l'autre, et parfois tous les deux, dans ces sites inoubliables que nous avons souhaité faire partager ce que nous en savions. Afin que ceux qui les connaissent y retrouvent leurs souvenirs et que ceux qui n'y sont pas encore allés y projettent leurs rêves.

Évidemment, pour naviguer en croisière il faut un bateau. Cher et compliqué ? Pas forcément. En posséder un simplifie la tâche lorsqu'il s'agit de partir facilement et pendant peu de temps. Mais ce n'est pas tous les jours que l'on a le temps de convoyer son bateau de l'autre côté de l'Atlantique ou dans chaque recoin de la Méditerranée. N'oublions pas que la voile reste l'un des moyens de locomotion les plus lents qui soient ! Le développement de la location et du charter dans les sites de croisière les plus prestigieux constitue désormais une manière de naviguer à part entière, une alternative extrêmement séduisante. Le choix du bateau devient varié, celui de la destination encore plus. On peut préférer un monocoque ou un catamaran, un petit bateau ou un grand, un étroit ou un volumineux, payer pour son temps d'utilisation et oublier tout le reste une fois la croisière terminée.

On nous pose souvent la question : quel est le bateau de croisière idéal ? Au fil des années, après avoir navigué sur un peu tout ce qui flotte, notre certitude est la suivante : cela n'a pas beaucoup d'importance. Ce qui compte, c'est d'être à bord avec des gens que l'on apprécie et d'adopter un rythme et un trajet à la mesure de l'équipage. L'important, en croisière, c'est de se faire plaisir. On peut effectuer une croisière inoubliable à bord d'un voilier de huit mètres bondé d'amis en Bretagne sud et s'ennuyer désespérément tout seul à bord d'un méga yacht aux Grenadines. Quoique, ce serait avoir un bien mauvais fond que d'arriver à s'ennuyer aux Grenadines...

Larguons donc les amarres pour ces vingt-six escales qui nous ont profondément marqués et que nous recommandons chaleureusement. Certaines sont prestigieuses, d'autres plus secrètes. Il y a celles qui sont immédiatement proches et d'autres, plus lointaines, qui resteront du domaine du rêve. Certaines sont très fréquentées, d'autres totalement désertes. Il y a des mers sillonnées par des voiliers depuis la nuit des temps et des sites de croisière qui ne se sont ouverts que depuis peu à la navigation de plaisance. Il y a des escales dans tous les océans du monde, à toutes les latitudes. Certaines sont très septentrionales mais bénéficient d'une atmosphère unique, d'autres sont plus tropicales et indolentes. Nous avons été obligés de faire des choix. Nous aurions aimé pouvoir détailler chaque mouillage, chaque port pittoresque plus précisément. Nous aurions aimé pouvoir présenter d'autres destinations de croisière dans le monde, d'autres escales, d'autres archipels, d'autres paysages maritimes superbes, car il en existe tant ! Mais, cette frustration est finalement conforme à ce que sont les croisières : toujours trop courtes !

Gilles Martin-Raget

Philip Plisson

1 Escales atlantiques

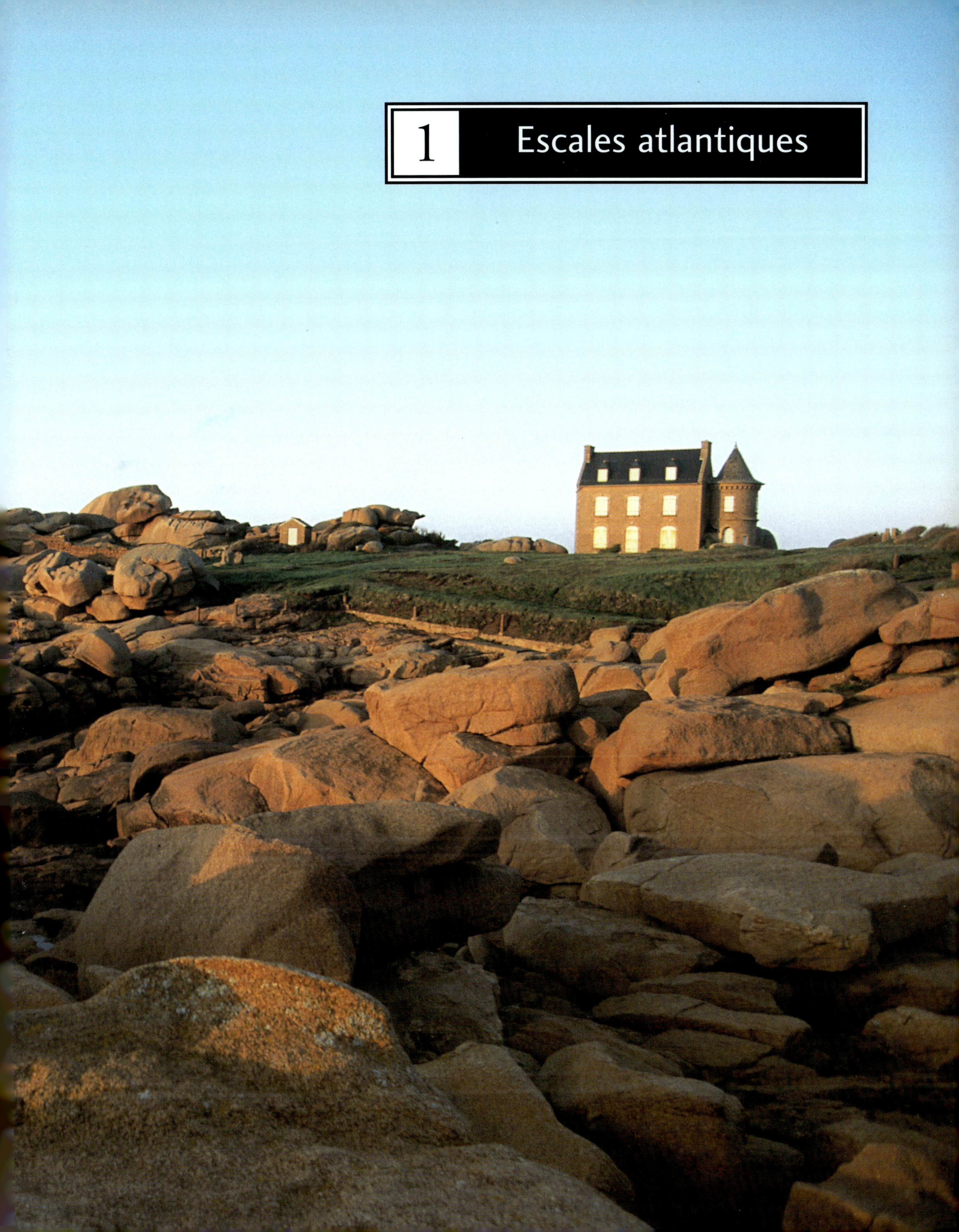

Cowes et le Solent

Retour au cœur de l'histoire

C'est à Cowes, il y a près de deux siècles, que le yachting est né plus vite et plus fort qu'ailleurs. Cowes, surnommée la « Mecque de la voile », est située sur l'île de Wight qui constitue pour l'Angleterre le sud du sud. Cette île verdoyante et vallonnée, édentée dans la partie nord par l'embouchure de plusieurs rivières, a toujours été la destination de villégiature immédiate et privilégiée de la noblesse, puis de la bourgeoisie britannique. Le Solent, le bras de mer qui sépare l'île de Wight de l'Angleterre, forme le stade nautique le plus naturel et le plus complet que l'on puisse imaginer : encombré de nombreux bancs de sable, parcouru par de violents courants au rythme complexe mais abrité des vagues venues du large, il forme un terrain de jeu parfait. Il n'est donc pas étonnant que ce soit là, à deux pas des grands ports de Londres, Southampton et Porsmouth qui ont fait la richesse maritime britannique et accompagné la révolution industrielle, que soient nés le yachting et la plaisance. C'est là qu'ont défilé les bateaux les plus célèbres de l'histoire, c'est là qu'est née la Coupe de l'America, ce sont ces rives qui ont vu naître quelques-uns des yachts les plus fameux tels les célèbres *Shamrock*, *Britannia* ou *Velsheda*.

Tirer des bords en évitant les nombreux bateaux qui sillonnent le Solent constitue un exercice obligatoire dans les parages de Cowes.

Ci-dessous :
La mise à feu des canons du Royal Yacht Squadron est désormais électrique, précision des temps de course oblige.

Le talent des Britanniques pour tout ce qui touche à la tradition n'étant pas une illusion, les choses n'ont pas tellement changé depuis. Cowes est restée l'une des grandes capitales de la course au large et du yachting mondial. C'est ici qu'a lieu, toutes les années impaires, la célèbre Admiral's Cup, l'une des plus prestigieuses régates du monde à laquelle participent barreurs et équipiers les plus titrés du moment. C'est de là, au son des canons du Royal Yacht Squadron, qu'est donné, tous les deux ans, le départ de la course du Fastnet qui emmène près de deux cents équipages virer le phare du même nom situé à quelques milles de l'Irlande. Accessoirement, le Royal Yacht Squadron passe pour être l'un des clubs

Beken of Cowes

Ce n'est pas un nom mais une institution. Beken est pour la photographie de mer le nom de référence, la force créatrice, le gardien des traditions et l'ambassadeur exemplaire. Frank Beken, le merveilleux témoin de l'époque des grands yachts de la première moitié du siècle, opérait à partir d'une barque à rames en tenant ses grandes chambres à bout de bras et en déclenchant d'un coup de dent sur la poire qu'il tenait dans la bouche. Son fils, Keith, a accompagné les développements de la plaisance moderne et ses images colorées ont saisi les départs et les exploits de toute une génération de racers qui firent la grandeur de l'Admiral's Cup et de la course du Fastnet. C'est désormais Kenneth qui perpétue la tradition et exploite le véritable trésor que constitue la photothèque de ces trois photographes qui n'ont jamais quitté Cowes et dont la galerie est un point de passage immanquable dans High Street. Avoir, sur le coin de son bureau, une photographie de son yacht prise par Beken of Cowes est le signe évident d'un certain savoir-vivre maritime.

les plus fermés au monde, au sein duquel les dames ne sont admises que depuis quelques années seulement. C'est encore là qu'ont lieu, tous les quatre ans, le départ et l'arrivée de la Whitbread, la mère de toutes les courses autour du monde.

Mettre le cap vers Cowes, c'est entamer le pèlerinage que tout yachtman se doit d'avoir effectué un jour. Au départ de la France, la traversée ne dure pas beaucoup plus de vingt-quatre heures depuis Cherbourg (77 milles) ou Le Havre (96 milles), mais se doit de tenir compte de deux facteurs importants : la densité du trafic commercial qui fait emprunter quotidiennement, à des centaines de navires de toute taille, la Manche dans toutes les directions avec, en prime, les ferries qui relient l'Angleterre au continent ; la prééminence du courant qui, circulant dans un sens ou dans l'autre, compte parmi les plus violents du monde en raison de la faible profondeur générale et de l'étroitesse de la Manche. Traverser la Manche, c'est avant tout traverser un fleuve. Les risques de brouillard n'étant pas minces, le voyage n'est pas une promenade maritime pour débutant. Une fois en vue de l'île de Wight, on pénètre dans le Solent par l'une de ses deux entrées naturelles : soit en laissant sur tribord les blanches et hautes falaises des Needles (les Aiguilles) qui constituent un amer remarquable, ou bien en passant par l'est à proximité de la tour Nab. Une fois à l'intérieur, on peut laisser voguer son imagination. Les paysages immortalisés par les clichés de trois générations de photographes de mer de la famille Beken, en arrière-plan des plus beaux yachts de l'histoire, n'ont pas tellement changé : collines qui viennent doucement mourir vers la mer, petites maisons blanches cachées dans la verdure, embouchures de rivières encombrées de nombreux yachts au mouillage, eaux vertes du Solent, ciels chargés et, surtout, des voiliers dans tous les sens. En réalité, il y a d'autres nombreux ports accueillants dans cette région comme Lymington (côté Angleterre) ou Hamble River à proximité de Southampton. On peut même dire qu'il y a dans le Solent l'une des plus fortes densité et diversité de yachts de plaisance au monde, et l'industrie maritime y compte quelques-uns de ses acteurs les plus fameux.

Le Solent n'est qu'un immense parc maritime dans lequel les voiliers de toute taille et de tout calibre naviguent plus fort et plus souvent qu'ailleurs. Quels que soient la saison, le temps, la densité de la pluie ou la force du vent, il y a toujours des voiliers à l'horizon. Ce pourra être un barreur *typically british* avec casquette blanche et blazer qui mène un adorable Red Wing en hurlant son droit de priorité à l'adresse d'un adversaire tout aussi kitch, agressif et poli. Ce pourra être un délicieux Dragon rose pâle, mené par de jeunes Anglais hilares sur lesquels ni les vagues ni la pluie ne semblent avoir prise.

Le phare des Needles, situé au pied des falaises caractéristiques de l'île de Wight, marque le point d'entrée ouest du Solent. Pour les anciens, c'était aussi le début du grand large.

Évidemment, on voit passer de temps à autre le bateau de Beken of Cowes, troisième du nom, appareil photo en bandoulière. Naturellement, on sursaute à chaque fois que l'officier de service fait tonner les canons du Royal Yacht Squadron qui accompagnent chacun des multiples départs ou arrivées de la semaine de Cowes. Dans le paysage, il ne faudrait pas oublier de rajouter les nombreux voiliers de croisière qui profitent de l'été anglais pour venir tirer des bords dans le Solent, ni les innombrables ferries qui transportent des milliers de personnes et de véhicules chaque jour entre l'île de Wight et l'Angleterre, encore moins les super porte-containers qui sont bien obligés de passer par là pour rentrer dans les ports de commerce de Southampton ou Porsmouth. On obtient ainsi une sorte

de tableau à la Dubout, composé de tout ce que l'on peut imaginer comme bateau à voile ou à moteur se croisant dans un espace finalement assez minuscule. On n'y verra plus, en revanche, le yacht royal *Britannia*, qui a fini par être vendu et qui avait ses habitudes à l'embouchure de la Medina River. On peut encore y voir le *Norge*, yacht royal de Norvège, et ses pilotines en bois vernis pilotées par des matelots, tirés à quatre épingles, qui viennent débarquer sur un ponton très privé une personnalité inconnue. À terre, on se bouscule. Question densité humaine, la rue principale de Cowes, High Street, vaut bien les quais de Saint-Tropez au mois d'août, sauf qu'ici la population est surtout composée de *yachties* qui s'en vont, sac à l'épaule, Dockside aux pieds, casquette vissée sur la tête et la mine ébouriffée de sel, embarquer sur un quelconque voilier. On y croise plus facilement qu'ailleurs des gens très élégants, blazer et cravate pour monsieur, robe à fleurs un rien désuète pour madame, qui se rendent, le pas pressé, à une party forcément très privée donnée par un club, une équipe de l'Admiral's Cup ou un sponsor. Le soir, le parking du Cowes Yacht Haven, sur lequel ont été dressées d'immenses tentes, voit s'évaporer des dizaines d'hectolitres de bière au son du boum-boum d'une musique techno, le tout flottant dans un unique et délicat parfum de hamburger et de fish and chips.

Ci-contre :
Petites maisons soignées et canots bien bichonnés, deux règles incontournables à Cowes.

Ci-dessous :
Red Wing, trois-mâts, croiseurs, admiralers, la variété des bateaux et de la lumière du Solent est infinie.

Impossible de trouver une place dans un restaurant ou un bed and breakfast à des lieues à la ronde ; les bateaux sont amarrés à couple sur cinq ou six rangs d'affilée, et il ne faudrait pas croire que tout cela brille sous les feux du soleil de l'été, car la règle, ici, c'est plutôt la pluie !

Ce qu'il faut savoir...

Quand y aller

L'été, de juin à septembre, est indiscutablement la meilleure saison. La première semaine d'août, qui voit se disputer la traditionnelle semaine de Cowes et partir la Fastnet Race les années impaires, est sans doute la plus animée et la plus colorée, mais la surfréquentation rend l'amarrage à quai difficile. On préférera rester au mouillage ou se replier, le soir, vers les ports de la côte anglaise (Lymington, Hamble river), et ne venir à Cowes que pendant la journée, lorsque les bateaux de course sont en mer.

Comment s'y rendre

• À la voile : depuis Cherbourg (77 milles) ou Le Havre (96 milles), la traversée s'effectue en moins de vingt-quatre heures. Depuis Saint-Malo, la distance est supérieure (140 milles) mais les îles anglo-normandes constituent une escale agréable en cours de route.

• En ferry : les ferries réguliers depuis Cherbourg et Le Havre-Ouistreham vers Porsmouth ou Cherbourg-Southampton effectuent le trajet en une nuit de traversée. On peut ensuite se rendre dans l'île de Wight par ferry rapide ou aéroglisseur depuis Southampton ou Porsmouth en direction de Cowes, Ryde ou Yarmouth.

• En avion : liaisons régulières Paris-Southampton. Le quai d'embarquement des ferries pour l'île de Wight à Porsmouth est également à une heure de voiture environ des aéroports de Londres.

À noter sur le livre de bord

• Zone météo : Manche-Est, Manche-Ouest (Wight et Portland pour les bulletins en anglais sur la BBC).

• Monnaie : la livre sterling (1 £ = +/- 10 FF).

• Les marinas de Cowes :
Cowes Yacht Haven - tél. : 29 99 75.
Cowes Marina - tél. : 29 39 83.
Shepards Warf - tél. : 29 78 21.

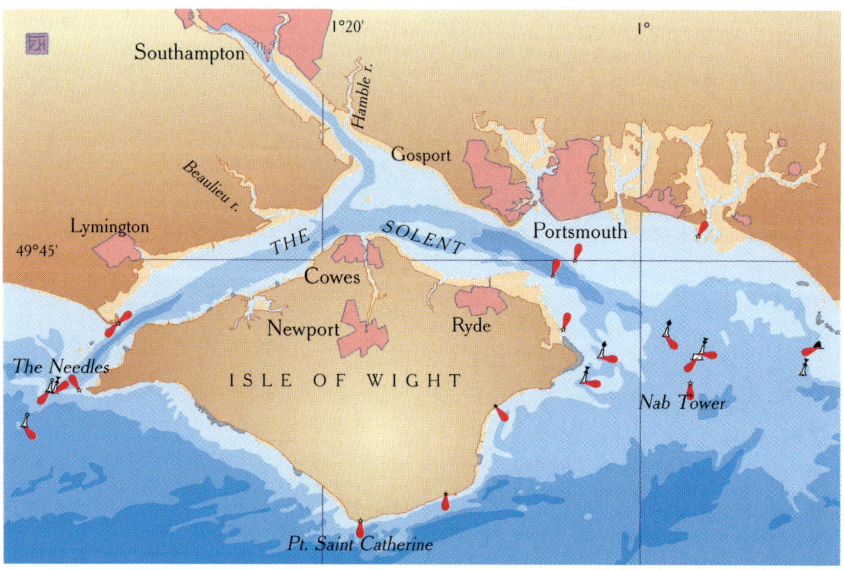

• La Medina River est accessible aux bateaux de moins de 2,50 m de tirant d'eau.

Les escales incontournables

• Beken of Cowes, High Street : des archives maritimes uniques au monde.

• Le bar du Fountain Hotel : un pub *typically british* bondé et bruyant mais à la croisée de tous les chemins. Corollaire : tout séjour à l'hôtel pendant la semaine de Cowes est parfaitement invivable.

• Corinthian Sailing Club : plus accessible que la plupart des autres clubs de Cowes ; le restaurant donne sur la rivière. Ballet nautique garanti.

• Le bureau du RORC, High Street : plus qu'un club, le Royal Ocean Racing Club continue de jouer un rôle primordial dans le développement de la course au large au niveau mondial.

• Le Royal Yacht Squadron : une institution connue dans le monde entier mais qui n'est pas ouverte au public. On se contentera d'apercevoir, de loin, les têtes couronnées qui prennent un cocktail sur la pelouse et de suivre le rituel des coups de canon de départ donné sur la promenade du bord de mer.

IRL 399
IR 399

L'Irlande

Au cœur du monde celtique

Ci-dessus :
C'est à Cork que fut créé le tout premier yacht-club de l'histoire. Depuis, la navigation en Irlande a conservé tout son charme.

« Nous te prions, Seigneur, pour qu'aucun naufrage ne se produise. Mais si cela devait arriver, fais le survenir sur ces îles, pour le bénéfice de ses pauvres habitants. » Les Scilly ne sont pas un archipel de naufrageurs, dame non ! Les habitants n'ont eu aucun besoin d'attacher des lampes aux queues des vaches pour attirer, la nuit, les bateaux de passage sur les cailloux qui leurs servent de défense naturelle contre l'océan. Et lorsque le pire arrivait du côté des roches de Bishop Rock, sur les récifs de Bryher ou contre les falaises de Saint Martin's Head, ils n'avaient qu'à se baisser pour récupérer les cargaisons après avoir fait ce qu'ils pouvaient pour les survivants. Les cartes, qui marquent les épaves venues s'échouer sur ces quarante-huit îles situées à l'entrée de la mer d'Irlande à 21 milles de Land's End et dont quatre seulement sont habitées, tracent une véritable couronne mortuaire. En plein sur la route maritime qui relie l'Angleterre à l'Amérique, les Scilly ont également la bonne idée, pour nous, de constituer une étape idéale à mi-chemin sur la route de l'Irlande, à une journée de navigation de Brest ou des abers, et un peu plus encore de Granville ou Saint-Malo. Ici, mieux vaut s'arranger pour arriver de jour, à marée montante et de préférence avec le soleil dans le dos – lorsqu'il y en a... mais, la récompense est de taille. Voici une escale, une vraie. De celles où il fait bon laisser le bateau au mouillage pour s'attabler dans un pub afin de détailler les trésors de guerre récupérés sur les infortunés navires naufragés, volontairement ou non... Au mouillage de Hugh Town, port principal de l'île Saint Mary, ce n'est pas un hasard si la porte la plus visible, lorsque l'on arrive, est badigeonnée de rouge, c'est celle du canot de sauvetage, lequel peut s'enorgueillir d'un palmarès record : cinq cent quarante-huit vies sauvées en un siècle ! Une fois à terre, la vie reprend ses droits : un artisan au détour d'une ruelle, des fleurs dans tous les jardins, des plantes tropicales sur l'île de Tesco et, deux fois par semaine, les courses de baleinières qui constituent un joli épisode de vie sociale.

Destination de croisière en soi, les Scilly ne sauraient être ignorées sur la route de l'Irlande, à l'aller comme au retour.

Car l'Irlande n'est pas la porte à côté : environ 300 milles, soit trois à quatre jours de navigation en ligne directe pour rejoindre Kinsale depuis la Bretagne. Il n'est plus question, ici, d'une simple petite virée en mer mais plutôt d'une solide partie de navigation hauturière qui doit être préparée avec soin. Trois jours, c'est aussi un laps de temps suffisant pour que changent les belles conditions météo choisies pour le jour du départ. Il y a du trafic commercial sur ce trajet, des bateaux en pêche, et aussi des dépressions qui passent là plus souvent qu'ailleurs, mais l'Irlande constitue une fascinante terre de découverte pour ceux qui font l'effort de lui consacrer du temps.

Le point d'atterrissage naturel est situé sur la côte sud et s'appelle Kinsale. L'étape chérie des navigateurs de la course en solitaire du Figaro est ancrée à l'embouchure de la Bandon River que l'on peut embouquer à toute heure de la journée. Kinsale est une escale gaie et animée dont les ruelles étroites et pittoresques sont bourrées de pubs et

Pubs accueillants, culture celtique et ports à taille humaine font la richesse de l'Irlande côté terre.

d'excellents restaurants, et qui regorge de sites historiques celtiques ou normands. À la fois destination si l'on vient de Bretagne ou point de départ si on loue un bateau directement sur place, Kinsale sera le pont d'envol pour l'une des plus authentiques croisières que l'on puisse faire en Europe. Mieux vaut se dire, avant d'aborder cette région, qu'elle nécessite plusieurs séjours pour être sérieusement explorée. D'une part, le temps n'est pas toujours complaisant et, d'autre part, la richesse des sites à visiter est exceptionnelle. Avec une constante : la chaleur de l'accueil irlandais qui demande beaucoup de temps puisqu'il s'accompagne en général de force pintes de bière au fond d'un pub. Toutes choses qui ne sauraient être bâclées, réclament d'être traitées de manière approfondie et laissent parfois quelques traces le lendemain...

Un premier circuit initiatique pourrait se contenter d'admirer la côte entre Cork, qui fut à l'origine du premier Yacht Club au monde, et les îles Klerrig. Le centre géographique en serait le célèbre Fastnet Rock, phare de mauvaise réputation que s'en vont virer les régatiers, tous les deux ans, dans la course du même nom. La tragédie qui marqua l'épreuve en 1979 (quinze morts à l'issue d'une tempête imprévue d'une brutalité inhabituelle en plein mois d'août) rappelle que ce coin d'océan reste la piste

d'atterrissage préférée des dépressions venues de l'Atlantique et peut voir naître, en quelques heures, des phénomènes secondaires aussi imprévisibles que violents. Un suivi permanent de l'évolution météo et une batterie de solutions de repli sont ici impératifs. La côte est entaillée de profondes baies, agrémentée d'îles, d'estuaires et d'escales dont l'environnement verdoyant oscille au gré des changements de lumière provoqués par un ciel sans cesse en mouvement. La phrase préférée des Irlandais à ce sujet étant : « Si la météo ne vous plaît pas, attendez une minute ! »

Les diverses escales auront pour nom : Castletownshend, Baltimore, petit port protégé dans une baie quasi fermée à 8 milles du Fastnet ; Hare Island, Kitchen Cove, à l'abri d'une petite île ; Kenmare ou Glengariff, dans la baie de Bantry qui

Si l'Irlande propose des paysages amples et verdoyants, c'est qu'il y pleut souvent. Les vents pouvant rapidement devenir forts, la météo doit être suivie de près, mais les rivages sont suffisamment découpés pour proposer de nombreux abris.

développe sous un microclimat une végétation luxuriante que l'on peut découvrir en flânant en annexe dans des canaux bordés de feuillages. Chaque étape sera espacée par 10 ou 40 milles de navigation, au pied d'une côte découpée à l'extrême, beaucoup moins fréquentée par les plaisanciers que celles de la Bretagne sud ou du Solent, incomparablement moins abîmée que la Côte d'Azur ou les Baléares. Les installations portuaires sont souvent minuscules et les mouillages sur coffre la règle.

Ce littoral regorge de sites d'une rudesse ahurissante comme les îles Skellig qui illustrent la force du caractère celtique et la pureté de la nature dans laquelle son identité s'est développée. Michael Skellig est un roc absolu, une île minuscule, toute en hauteur, une immense falaise battue par le vent et les vagues, sur laquelle des moines celtiques sont allés ériger, au VIe siècle, une cité composée de deux oratoires, six cellules, une église et un cimetière, le tout construit avec des pierres sans mortier. Les cellules en forme de ruche ressemblent à s'y méprendre aux bories du Vaucluse et sont restées intactes. Cette poignante grandeur est à peine adoucie par la foison d'oiseaux en tout genre, des macareux moines aux fous de Bassan en passant par les puffins ou les pingouins torda qui peuplent la petite île voisine de Little Skellig.

On pourrait s'en retourner vers la Bretagne après une telle rencontre, mais l'Irlande propose encore bien des joyaux de ce calibre. De caps en estuaires, on s'en ira à la rencontre de la légende des îles Blasket, définitivement abandonnées par leur population en 1956 après plusieurs saisons de pêches infructueuses, mais où l'on peut avoir la chance de rencontrer à nouveau les immenses aigles blancs des mers, réintroduits depuis peu. Plus au nord encore, les îles d'Aran balisent l'entrée de la région la plus âpre mais sans doute la plus belle de toute l'Irlande, le Connemara. Landes vertes et pelées où l'herbe dispute chaque mètre carré au granit, petits cottages isolés, dédales de murs bas en pierre sèche sur les îles ; immenses falaises côté terre, qui rendent la côte encore plus inaccessible et la civilisation plus lointaine. Les trois derniers habitants d'Inishark ont baissé les bras en 1960. Il y en avait mille cinq cents sur Inishbofin au début du siècle, il en reste moins de deux cents aujourd'hui. Conscients de tant d'adversité, même les mammifères marins sont solidaires comme Fergie, le dauphin qui joue avec chaque bateau visiteur à l'entrée du petit port de Dingle. L'Irlande de l'ouest est un pays rude. Rude, mais beau.

Ce qu'il faut savoir...

Quand y aller

De préférence quand l'anticyclone des Açores étend ses hautes pressions sur les îles britanniques, soit de juin à septembre, ce qui ne constitue en rien une garantie contre le passage des dépressions, les coups de vent (2 en moyenne en juillet) et... la pluie !

Comment s'y rendre

• À la voile : une croisière en Irlande réclame un bateau et un équipage amariné capable d'affronter les vents et une mer bien établis. Sur la côte ouest, on sera souvent au mouillage ; le balisage

n'est pas très dense et demande une attention soutenue dans le domaine de la navigation. Il vaut mieux partir du principe que rien n'est vraiment organisé, ce qui aura des incidences sur l'avitaillement, le fuel et l'eau douce. Les villages étant le plus souvent éloignés des côtes, l'idéal est d'avoir quatre à cinq jours d'autonomie.

• En avion : vols quotidiens Air Lingus/British Airways et Air France vers Dublin avec des correspondances pour Galway, Cork ou Slogo. Vols directs également vers Shannon et Cork.

À noter sur le livre de bord

• Zone météo : Sud-Irlande, Ouest-Irlande, mer d'Irlande. Leur équivalent dans les bulletins anglais : Fastnet (au sud), Shannon (à l'ouest), Marin (pour le nord-ouest), Irish Sea (à l'est).

• Marnage : entre 4 m à Kinsale et 5,9 m à Limerick en période de vives eaux.

• Monnaie : la livre sterling (1 £ = +/- 10 FF).

• Les guides de référence : *Sailing directions, South and west Coasts of Ireland*, par l'Irish Cruising Club.

• Il n'y a pas de sens privilégié pour découvrir l'Irlande. Seule certitude, les bateaux irlandais suivent généralement le sens inverse des aiguilles d'une montre, les yachts anglais font le contraire. La moyenne des vents est incapable de les départager...

Les escales incontournables

• Les pubs et les restaurants de Kinsale.
• Un petit tour du Fastnet Rock.
• Une visite au Cork Yacht Club, le plus ancien yacht-club du monde.
• Une navigation recueillie aux îles Skellig.

The Captain's Table
MT47

L'Écosse

La terre des lochs

L'Écosse n'est pas une croisière très facile, et c'est là tout son avantage. Pour les initiés, en revanche, il s'agit de l'un des plus fantastiques terrains de navigation que l'on puisse imaginer. Chaque loch, chaque île, chaque *sgurr* (rocher escarpé en gaélique), chaque lac peut être approché en une visite rapide ou en deux semaines de butinage privé, loin des affres bruyants de la civilisation. Tout le littoral n'est qu'un parc naturel absolument magnifique dans lequel l'eau et la terre sont si étroitement imbriquées qu'il reste protégé des coups de mer atlantiques par un véritable rempart d'îles et d'îlots.

Choisir l'Écosse, c'est faire preuve de son amour pour les choses fortes et solides comme la tourbe, la bruyère ou le granit. C'est aimer les rencontres bouleversantes comme ces châteaux perdus qui apparaissent au détour d'un chenal, plantés là, au milieu de nulle part. Choisir l'Écosse, c'est s'offrir un pays dont la personnalité s'est façonnée tout au long de l'histoire à grands coups de batailles sanglantes, de drames économiques et de différences culturelles bâties dans la méfiance de tout ce qui vient d'Angleterre (ce en quoi le peuple écossais rejoint volontiers les habitudes ancestrales de la marine française...). Faire une croisière en Écosse, c'est aller jouer au chat et à la souris avec les tempêtes, à peu de frais, en naviguant bien à l'abri dans une série de lochs qui n'ont que faire des grandes

Le whisky

On peut charrier un Écossais en lui rappelant que le whisky est né en Irlande, il vous répondra en haussant les épaules : « So what, ne dit-on pas un scotch ? Donc, le whisky est écossais, n'est-il pas ? » Imparable ! Fabriqué à partir des grains de malt (l'orge), d'eau pure et galopante comme celle de la rivière Speye et de la tourbe (charbon issu de la décomposition de la bruyère qui permet de faire sécher et de fumer les grains de malt), le whisky dispose en Écosse d'un terrain de prédilection parfait. Après deux ou trois distillations et trois ans de vieillissement en fûts de chêne (les experts préfèrent les 5, 8, 12, 15, 21 et 25 ans d'âge), les whiskys écossais sont le plus souvent des pur malt (distillés à partir d'orge malté), single malt (provenant d'une seule distillerie) ou blended (mélange de plusieurs whiskys). De Chivas (le plus aristocratique) en Campbell (le plus vendu), et de J.B. (le plus jeune) en Glenfiddich (le plus connu), de Laphroaig (le plus « tourbé ») en Talisker (le plus iodé), une centaine de distilleries et encore plus de pubs détaillent les infinies nuances du plus célèbre des produits écossais.

dépressions atlantiques. Décider une croisière en Écosse, c'est succomber à l'appel d'un bout de patrimoine européen encore vierge et authentique qui n'est plus tout à fait dans les registres habituels de la civilisation industrielle mais pas encore dans celui des terres glaciaires du Grand Nord. À vrai dire, le Gulf Stream finissant sa course au niveau de l'archipel des Hébrides, le climat y bénéficie même d'une relative douceur. Choisir l'Écosse, c'est aller à la rencontre de cette population que l'on dit avare et chauvine mais qui est surtout accueillante, fière de son pays ; elle le raconte divinement dans une langue rocailleuse qui s'est progressivement éloignée du gouleyant accent oxfordien. Fins connaisseurs de leur histoire, les Écossais se transforment volontiers en acteurs volontaristes de traditions qui se perdent dans la nuit des temps et ne ratent jamais l'occasion de boire une bière ou d'ouvrir une bouteille de whisky !

Une croisière en Écosse se fait généralement sur la côte ouest, en remontant du sud vers le nord. La baie de Clyde, la première grande échancrure en venant du sud, est la plus active du point de vue de la plaisance en raison de la proximité de Glasgow. Dans ce secteur, les ports ne sont pas éloignés les uns des autres par plus de 20 milles et sont habitués à recevoir les bateaux de passage, et cela depuis les tous débuts de la navigation de plaisance. Les nostalgiques des beaux gréements ne manqueront pas de s'arrêter à Fairlie, où sont nés quelques-uns des plus beaux yachts de tous les temps, puisque c'est là qu'ont résidé, dessiné et construit trois générations de William Fife. En plus d'un prénom commun, cette famille-là avait beaucoup de talent. Le port de Tarbert est également un point de passage obligé pour tous les yachts qui montent vers le nord.

Ensuite, il y a deux manières de passer de l'autre côté de la presqu'île de Kintyre : soit la contourner en 80 milles de navigation, avec le risque d'affronter des vents et des courants forts agrémentés de la grande houle de l'Atlantique nord, soit emprunter le canal Crinan et ses quinze écluses réparties sur

8 milles de navigation au milieu de collines recouvertes de forêts de sapins. Détail non dénué de charme : les portes des écluses doivent être manœuvrées par les utilisateurs eux-mêmes et la navigation n'est plus autorisée au-delà de 16 h 30, soit l'heure à laquelle il convient d'aller s'accouder au comptoir du pub le plus proche ! La suite des opérations, de l'autre côté du canal, impose de faire un autre choix tactique d'envergure. À main droite, commence la croisière la plus naturellement attirante, celle qui consiste à passer d'un bord à l'autre de l'Écosse en suivant la faille naturelle du canal Calédonien entre Oban et Inverness. Cette limite géographique taillée à grands coups de glissements tectoniques, d'érosion glaciaire et d'aménagements humains trace une frontière naturelle, culturelle et historique entre les Highlands, au nord, et les Lowlands, au sud. Elle est constituée d'une succession de lacs – dont le fameux Loch Ness – reliés entre eux par des canaux creusés dès 1803 et suffisamment larges (15 mètres) et profonds (4 mètres) pour que les voiliers de l'époque puissent passer de la mer du Nord à l'océan Atlantique. On peut naviguer à la voile sur les lacs, mais un solide moteur et des manœuvres d'amarrage bien rodées sont indispensables pour négocier les nombreuses écluses qui émaillent le parcours. Ce sera une promenade bucolique plus qu'une navigation homérique, mais elle permettra de mieux saisir la profondeur de l'Écosse. Celle d'un pays qui apparaît alors taillé à la mesure des deux inventions majeures dont il a fait bénéficier le monde : le golf et le whisky.

L'autre option consiste à suivre le littoral en direction du nord dans ce qui semble

Ci-dessous :
La surpopulation n'est pas l'une des caractéristiques principales d'une croisière en Écosse. Les paysages romantiques, en revanche, ne manquent pas.

n'être qu'un immense champ de croisière étalé, en apparence, sur à peine plus de 200 milles mais dont le trait de côte avoisine les 3 000 milles ! Tout au long de ce second périple, plus aérien diraient les montagnards, il faudra également choisir sa voie entre la route du large qui contourne les îles et les caps ou celle, plus technique et intimiste, qui s'insinue entre les îles et la terre, quitte à affronter des courants plus violents et des vents moins stables. Ainsi en sera-t-il pour passer derrière l'île Mull, puis derrière l'île Skye. La traversée en direction de l'archipel des Hébrides s'effectue en une trentaine de milles et sert de passeport à ce qui peut largement constituer une croisière en soi : 400 kilomètres de long, des milliers d'îles, il s'agit tout simplement du plus grand archipel d'Europe. Colonies de phoques, troupeaux de moutons à longue

des Orcades. On s'enfonce alors dans un monde façonné par les glaciers il y a quinze mille ans, un univers étonnant qui regorge de vestiges néolithiques, celtes et vikings. On n'oubliera pas que c'est au sud de la Mainland que se trouve la baie de Scapa Flow de sinistre mémoire, ainsi que les champs de pétrole de la mer du Nord qui ont permis aux agglomérations de l'archipel de connaître un essor économique inespéré. Les Orcades constituent un autre paradis des animaux : guillemots, pingouins, cormorans huppés, pétrels, fous de Bassan, sont ici chez eux. Les truites abondent dans les nombreux lochs et, au printemps, les saumonées viennent frayer dans les rivières. Quand à l'archipel des Shetland, à 45 milles au nord-est, il semble déjà ne plus appartenir à l'Écosse mais plutôt à la Norvège, géographiquement plus proche. Plus sauvages encore, nettement plus peuplées de moutons que d'êtres humains, paradis des oiseaux qui s'y reproduisent en totale liberté, malgré l'absence de végétation haute laminée par le vent et les tempêtes,

les Shetland ont vu le cours de leur vie changer depuis que la moitié de la production pétrolière britannique transite par le terminal de Sullom Voe. Pour l'instant, elles n'ont rien perdu de leur authenticité. Ce n'est pas dans le genre du pays écossais.

toison blanche et tête noire, le circuit qui va d'Eilan Dubh Mor à Loch Moidart en passant par la grotte de Fingal au nord de Iona, permet de s'enivrer d'une beauté de paysage qui n'a d'égale que la rareté de l'espèce humaine et l'intensité sauvage de la vie animale. De la même manière, une fois parvenu tout en haut de l'Écosse, on peut envisager de franchir les quelques dizaines de milles qui séparent la terre de l'archipel

Avec ses maisons aux couleurs vives, Oban, qui marque le point d'entrée ouest du canal Calédonien, est un point de passage obligé de toute croisière en Écosse.

Ce qu'il faut savoir...

Quand y aller

L'été (un bien grand mot en Écosse), de juin à août est définitivement la meilleure saison en raison de la longueur des journées qui dépasse de trois heures le temps d'éclairage naturel de Paris et une modération relative des vents. Si en Écosse la terre est solide, le ciel, lui, est fluide et changeant. Il pleut tous les jours ou presque, mais le soleil brille aussi tous les jours ou presque. D'où cette lumière remarquable sans cesse modifiée, qui oscille entre coups de flashs ensoleillés, reflets argentés et lumières tamisées. Pulls et cirés de rigueur tout de même.

Comment s'y rendre

• À la voile : une croisière au départ des côtes de France impose de naviguer pendant une semaine (700 milles) avant de rejoindre l'une ou l'autre entrée du canal avec des navigations conséquentes à travers la mer d'Irlande ou la mer du Nord. On peut également louer sur place au départ de Oban, Dunstaffnage ou, plus au nord, à Armadale sur l'île de Skye en mer Hébrides, auprès de sociétés qui exigent en général des références de navigation assez sévères.

• En avion : une heure de vol depuis Paris vers Édimbourg et Glasgow. En plus de British Airways, de nombreuses petites compagnies intérieures comme Logan Air, British Midland, Dan Air, Air UK et Brymon Air assurent les liaisons intérieures.

• Par la route : le ferry pour traverser le pas de Calais, puis environ huit heures pour effectuer les 650 km qui séparent Édimbourg et Glasgow de Londres, soit treize à quatorze heures de route depuis Paris.

• En train : pourquoi pas ! Via Eurotunnel, le train met Paris à quatorze heures de Glasgow.

À noter sur le livre de bord

• Monnaie : la livre sterling (1 £ = +/- 10 FF).

• Décalage horaire : - 1 h, sauf en octobre où l'heure est la même.

• Scottish Tourist Board, 23 Ravelston Terrace, EH4 3EU, Édimbourg - tél. : 31 332 24 33.

• Les plats traditionnels sont le *hagis* (panse de brebis farcie), les *kippers* (harengs fumés) et les *arbroath smokies* (haddock fumé). Boissons de base : la bière et le whisky.

• Veste et cravate sont de rigueur dans certains yacht-clubs et restaurants.

Les escales incontournables

• Le village d'Inveraray, sur la côte sud de la presqu'île de Kintyre pour le château du clan des Campbell et ses musées.

• Oban, le port le plus pittoresque de la côte des Highlands.

• Lock 16-Rooftop Seafood Restaurant à Crinan, fruits de mer, uniquement sur réservation.

• Le Lochbay Seafood Restaurant, sur l'île de Skye, dont le cadre date de 1740.

• Le château de Duvegan sur l'île de Skye.

• La faune maritime des Hébrides extérieures.

BREMER
LL183

La Suède

Les splendeurs de l'été boréal

Une croisière en Suède ? On peut faire une croisière en Suède ? Et comment ! La Suède ne se contente pas d'être un terrain de croisière exquis, elle est aussi l'un des pays du monde où l'on compte le plus de bateaux de plaisance par habitant (un pour sept en moyenne). Rien que de très normal, après tout, pour un pays qui dispose d'un très haut niveau de vie et dont la capitale, Stockholm, est bâtie sur l'eau. La Suède est aussi le pays où se déroule chaque année la Gotland Race qui fait faire le tour de l'île du même nom, en plein cœur de la mer Baltique, à plus de mille voiliers de tout calibre et autant d'équipages qui font une fête phénoménale au départ comme à l'arrivée. C'est encore la Suède qui investit tous azimuts dans la voile au point d'engager trois bateaux sur dix lors de la dernière édition de la Whitbread, la célèbre course autour du monde en équipage, rachetée par Volvo, non moins célèbre constructeur automobile suédois. La Suède est un pays qui a 10 % de sa surface immergée et qui est réputé pour compter pas moins de cent cinquante mille îles et quatre-vingt-seize mille lacs sur l'ensemble de son territoire. Un pays où l'on ne peut naviguer que quatre mois durant, de mai à août, mais qui ne fut pas pour rien la patrie des fameux Vikings.

Donc, en Suède, on navigue. L'archipel de Stockholm constitue même une croisière d'un charme fou, pleine de personnalité et

pendant laquelle les découvertes succèdent aux étonnements en tout genre. En premier lieu, la ville de Stockholm : bâtie sur un entrelac, pénétrée par son port avec lequel elle se mélange étroitement, Stockholm décline sur quatorze îles l'art de vivre dans du propre, tiré à quatre épingles, repeint de frais, dans une sécurité maximale et ce au cœur d'une nature parfaitement préservée. Des forêts au bout des rues, des écureuils qui gambadent joyeusement sur les tables des restaurants, des eaux traitées où l'on taquine le saumon du côté de l'opéra, des façades riantes pour combattre la morosité climatique hivernale et qui déclinent à n'en plus finir la palette de tons pastel ! À moins d'une demi-heure du cœur de la capitale, Saltsjöbaden est une bourgade riante au bord de l'eau, une sorte de Deauville où les célébrités se ménagent un anonymat de bon aloi dans la forêt environnante, et dont le Grand Hôtel, un manoir du siècle dernier, possède un joli port de plaisance. C'est là que commence véritablement l'archipel qui mène à la mer Baltique, via un dédale étourdissant surnommé « le jardin d'écueil ». Vingt-quatre mille îles et îlots, créés par l'érosion glaciaire, constituent depuis 1255, date de la fondation de Stockholm, le plus efficace rempart contre les invasions. De nos jours encore, les cartes marines ont l'originalité de présenter de grandes zones totalement vierges afin que personne ne puisse tenter de pénétrer dans les secteurs militairement sensibles. Toutes choses qui n'ont pas empêché un sous-marin nucléaire soviétique, de type Whisky, de venir s'échouer *on the rocks* en octobre 1981, à la stupeur des Suédois qui appliquent la neutralité comme ligne de conduite depuis longtemps. Se frayer un chemin dans l'archipel de Stockholm réclame néanmoins une attention permanente bien que le balisage soit très sérieusement entretenu. Il est simplement nécessaire de ne jamais relâcher son attention et de ne pas naviguer trop vite, le vent léger qui souffle souvent en été permet de le faire.

Les paysages maritimes suédois alternent dédales d'îles granitiques et forêts rafraîchissantes. La navigation se fait en eaux abritées et il est fréquent de s'amarrer à un arbre ou de pitonner dans la roche au lieu de mouiller.

En réalité, l'archipel peut se diviser en trois zones. Une première partie composée des plus grandes îles qui ont pour noms Ingarö, Varmdö, Ljusterö. Ce sont les plus

Ci-dessus :
Stockholm (ici les quais de Malarstrand) est une ville bâtie sur l'eau. Il est rare de pouvoir visiter la capitale d'un pays en bateau à voile...

proches de Stockholm, elles proposent un savant dosage de zones cultivées et de forêts. Ici, la circulation est à peu près aisée car le nombre des canaux est relativement limité, ce qui permet également de mieux percevoir la formidable densité de ferries qui circulent en mer Baltique.

Puis, au fur et à mesure que l'on avance vers l'est, on pénètre dans une deuxième zone, à la fois plus complexe, car les îles y sont plus nombreuses et de taille plus réduite, mais tout aussi charmantes. Un vrai paysage de conte de fée, avec des îles verdoyantes où les forêts de bouleaux sont reines. La navigation a ceci de particulier qu'il est nécessaire de faire attention à ne pas heurter les branches avec son gréement ! Des îles parfois désertes, mais le plus souvent occupées par une ou deux minuscules maisons de poupée peintes d'une couleur vive avec portes et fenêtres soulignées de blanc. À côté, un petit sauna devant un ponton qui servira à amarrer le bateau ayant transporté la famille depuis Stockholm. Le bateau ressemble rarement à ceux que l'on a l'habitude de voir au sud de l'Europe. Le bois vernis est la règle, les arrières sont norvégiens (en forme d'étrave), la taille est minimale afin de s'insinuer sans effort dans les canaux, et les intérieurs sont plutôt coquets. Pour profiter de ce monde à part, il suffit de trouver une île déserte et s'arrêter. La technique locale consiste à mouiller par l'arrière en s'amarrant, de préférence à un arbre, étrave contre l'île, afin de pouvoir descendre plus facilement à terre et de préserver l'intégrité du gouvernail.

La dernière partie de l'archipel, plus sauvage et moins boisée, fait la part belle aux rochers granitiques éventuellement

Page 32 :
La petite bourgade de Smoëgen, à proximité de Göteborg, escale caractéristique des croisières en Suède.

surmontés d'une petite cabane de couleur vive qui peut à la fois servir d'abri aux pêcheurs ou aux plaisanciers en cas de mauvais temps. On tombe nez à nez avec des ports naturels superbes, abrités de tout, éloignés du monde mais néanmoins vivants car il y a toujours un bateau de passage. Puis viendra l'escale à Sandham, l'endroit chic du yachting suédois, où le KSSS, le club le plus prestigieux du royaume, a élu domicile. Sandham organise régulièrement de très importants championnats du monde de voile, en dériveur comme en habitable. C'est aussi dans les bars de Sandham que l'on trouve ces alcôves si originales taillées dans des vieilles coques fichées dans le sol à la verticale.

L'archipel de Stockholm est la destination la plus évidente, mais la côte ouest de la Suède propose également un champ de croisière à peu près équivalent au départ de Göteborg. On peut là aussi naviguer dans un dédale d'îles et d'îlots qui conduisent inévitablement vers Marstrand, une station balnéaire en vogue où il fait bon faire escale. L'ambiance y est tout à fait extraordinaire, notamment lors du Swedish Match, qui rassemble les meilleures barreurs du monde pour une régate de match racing (duel à deux bateaux), elle se déroule devant pas moins de cinq mille spectateurs massés sur les rochers alentours, une fréquentation unique au monde. Et au-delà, il y a encore des îles, des chenaux, des îlots, puis la Norvège et ses immenses fjords et, tout au nord, le Spitzberg. Mais à ce stade, il y a des chances que le mois d'août soit déjà terminé et que l'époque à laquelle il convient de ranger son bateau et de commencer à astiquer son char à glace soit déjà arrivée...

L'extrême soin apporté par les Suédois à l'entretien de leurs habitations n'a d'égale que l'originalité de leurs bateaux. Seules constantes : la profusion de bois et le respect de la nature.

Ce qu'il faut savoir...

Quand y aller

Le choix de la période de navigation en Suède n'est pas très étendu, ce sera obligatoirement juin, juillet ou août. Au cœur de l'été, le temps est généralement beau, voire chaud, et si une dépression encore assez vigoureuse passe par là, elle le fait vite. En revanche, il peut y avoir fréquemment du crachin mais il ne dure pas. En moyenne, le temps ressemble à celui de la Bretagne en été, en moins humide. Il n'y a pas de décalage horaire, mais les journées sont longues et durent environ trois heures de plus qu'à Paris.

Comment s'y rendre

- À la voile : le charter et la location de bateaux, à voile comme à moteur sont très organisés en Suède où ils constituent un mode de vacances à part entière. Les bases de départ les plus courantes sont Saltsjöbaden, Bullandö à 20 milles à l'est de Stockholm, Varmdö et, bien sûr, Stockholm même. L'archipel lui-même est grand comme l'Île-de-France, mais la Suède possède en tout 7 500 km de côte.
- En avion : Stockholm est à 2 h 30 d'avion de Paris, Göteborg à 2 h, liaisons régulières par Air France et SAS plusieurs fois par jour.

À noter sur le livre de bord

- Monnaie : la couronne suédoise (10 CS = +/- 7,50 FF).
- On préférera un bateau bien motorisé. Il n'y a ni marée ni courants réguliers, les vitesses sont souvent limitées.
- Avant la croisière, il vaut mieux se procurer, sur place, les atlas constitués de plusieurs cartes reliées et se succédant géographiquement.
- Stockholm Information Center - tél. : 789 20 00.

Les escales incontournables

- À Stockholm, l'hôtel Diplomat datant du début du siècle et installé au bord de l'eau.
- Sandham, avec une visite au KSSS.
- La Jachtklubben, la régate annuelle Stockholm-Sandham qui a lieu fin août.
- Au sud, le petit port de Marstrand lors du Swedish Match.

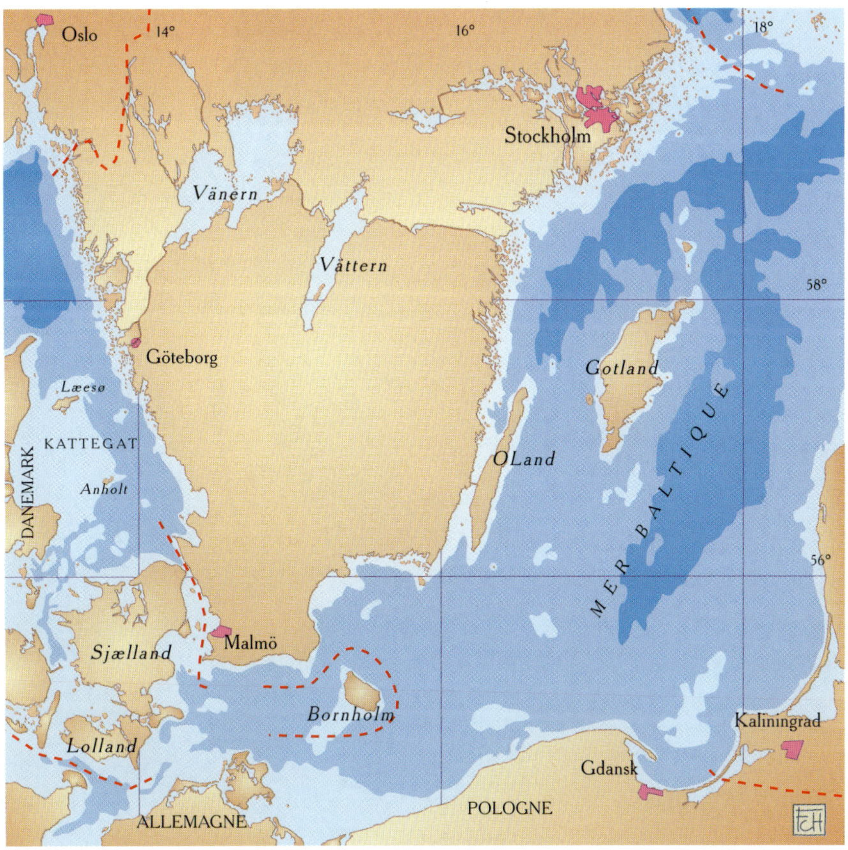

La Bretagne nord

Au gré des courants

Page de gauche et ci-dessus : **Naviguer entre les cailloux de Ploumanach, s'amarrer pour quelques minutes au pied du phare des Héaux de Bréhat, sont des privilèges qu'il faut savoir savourer. Les croisières en Bretagne nord sont ainsi émaillées de moments forts puisés dans la relation étroite qui se crée avec l'ensemble du monde maritime.**

La mer d'Iroise et la partie de la Manche qui baignent la Bretagne nord sont à la croisière ce que le massif du Mont-Blanc est à l'alpinisme : un véritable écrin, à la fois technique et varié, facile d'accès mais parfois difficile à négocier, en prise directe avec ce que les éléments naturels ont de plus brut et de plus authentique. Et lorsque le mauvais temps est de la partie, mieux vaut se trouver bien au sec dans un abri plutôt qu'à crapahuter sur un versant exposé !

Naviguer dans ces parages oblige à plus d'humilité envers la nature qu'une banale croisière en Méditerranée. Pas question de larguer les amarres sans avoir étudié sérieusement les horaires de marée, la carte des courants, jeté un œil au baromètre, observé le ciel et écouté religieusement la météo. Impossible de se promener au petit bonheur la chance en se contentant de suivre le tracé de la côte car les profondeurs varient ici selon les marées, et les écueils et autres roches affleurantes sont légion. Une fois ces contraintes acceptées, voire devenues des réflexes lorsque l'on y navigue souvent, la Bretagne nord devient un terrain de jeu exceptionnel, un pays magnifique à visiter de ports en ports, de mouillages en baies, d'abers en rias. Que l'on parte de Brest ou de Saint-Malo, on est certain d'y rencontrer des paysages d'une qualité extraordinaire mis en valeur par la lumière changeante qui accompagne les mouvements de la météo. Un rien plus rugueuse que sa consœur la Bretagne sud, la Bretagne nord est également moins soumise au tourisme de masse. Les îles-abris y sont plus rares, la densité des villes littorales moins importante.

Au départ de Brest, on est en prise directe avec un élément fort : l'histoire. Impossible de franchir le célèbre goulet sans prendre conscience du caractère éminemment stratégique de cette rade qui fut le théâtre de batailles homériques et reste au cœur de la défense de notre pays. C'est là que furent construits la plupart des vaisseaux de la marine royale, c'est de là que partirent les grandes expéditions et que

Ci-dessus :
Fête du chant de marins à Paimpol.

furent pilonnés les sous-marins allemands lors de la dernière guerre. Brest la nouvelle, largement reconstruite depuis, conserve avec fierté les forts indestructibles mis en place par Vauban. C'est à l'arsenal de Brest que l'on construit le porte-avion de demain, le *Charles de Gaulle*, et c'est de l'autre côté de la rade, vers l'île Longue, que sont basés les sous-marins de la force de frappe française, non loin de l'École navale de Lanvéoc-Poulmic qui forme les futurs officiers de marine.

Dans un tel environnement, il est normal que les traditions restent vivaces. Brest possède le plus beau musée de la Marine de province ; c'est à Brest qu'a été reconstruite la réplique de la *Recouvrance* et qu'a lieu, tous les quatre ans, le plus formidable rassemblement de marine traditionnelle, initié par le journal *Le Chasse-Marée* qui a élu domicile à deux pas de là, en baie de Douarnenez.

C'est également dans la rade de Brest que l'on aura le loisir de mener l'une des croisières les plus tranquilles de Bretagne nord avec, éventuellement, une incursion dans les terres vallonnées en remontant le fil de l'Aulne. C'est à Brest, dans le port du Moulin-Blanc, le plus grand de Bretagne après la Trinité-sur-Mer, que l'on croisera peut être Olivier de Kersauson dans son restaurant Le Tour du Monde, à deux pas du poste d'amarrage de son grand trimaran. C'est à Brest que l'on dira adieu à la civilisation urbaine. Car au-delà du goulet, les ennuis risquent de commencer...

La mer d'Iroise est le plus formidable amalgame de cailloux mal rabotés, de courants nerveux, de phares de tout calibre que l'on puisse imaginer. Le passage du raz de Sein ou du chenal du Four – obligatoirement à l'étale ou avec marée favorable – donne toujours l'impression que l'homme est de trop dans ce paysage titanesque qui ne demande que l'arrivée d'une petite dépression pour devenir franchement hostile. Et pourtant, c'est si beau... Alors on profitera vite de la moindre situation anticyclonique pour aller tenter un

mouillage dans la baie de Lampaul, à Ouessant, un échouage discret dans l'avant-port de l'île de Sein, un bref amarrage à

Molène, histoire d'aller prendre la mesure de la rugosité des éléments et la précarité de la présence humaine sur ces fascinants bouts de terre plantés au cœur de l'océan.

Plus raisonnablement, on profitera de l'occasion pour déguerpir vers le nord et rejoindre sans trop traîner les fjords étonnants de la région des abers. Là, changement de paysage. Non pas que l'approche en soit réellement très aisée, notamment lorsque le vent est au nord-ouest, mais on est déjà abrité d'une partie des vents, ceux qui viennent de secteur sud. Une fois dans l'abri, du côté de l'aber Wrac'h, et hormis un échouage à marée basse mal contrôlé, rien de trop méchant ne peut plus arriver.

Comme en Bretagne sud, cette côte-là doit être déclinée en navigation alternée entre îles, rias et rivières, au rythme du vent et des marées. Les îles sont plutôt petites et taillées dans le granit, souvent pelées, parfois surmontées d'un phare, d'une maison, ou bien des deux, comme Louët au milieu de la baie de Morlaix. Certaines îles sont plus étendues comme Bréhat ou Batz, toutes deux sont techniquement délicates d'accès mais réservent aux experts de la règle du douzième, aux princes du mouillage forain et aux rois de l'échouage, des secrets

Ci-dessous :
Le balisage, ici plus qu'ailleurs, est particulièrement dense et nécessaire. À marée haute le paysage paraît limpide mais gare aux roches affleurantes...

bien gardés qui s'appellent hortensias, bruyère, murs de pierres sèches, maisonnettes à demi-enterrées à l'abri du vent, zinc du bar du coin et tables simples largement pourvues en fruits de mer les plus variés. Des terres où la civilisation de l'automobile n'a pas encore cours, des îles préservées par les écueils que les plateaux découvrants et les courants parfois violents mettent à l'abri d'un trop plein de fréquentation plaisancière. Le paradis se mérite !

Côté terre, l'accès est tout de même un peu plus facile. Il faut du grand beau temps pour aller faire une visite au Conquet ou dans l'aber Benoît encore exposés aux vents d'ouest, mais l'aber Wrac'h, une fois passés les dangers de l'île Vierge, est un modèle du genre, un vrai fjord, un bel abri qui mène à un village où l'on sait encore ce que signifie le mot hospitalité. La baie de Morlaix est encore un peu plus ouverte et on ne peut pas croiser en Bretagne nord sans remonter sa rivière pour se laisser enfermer derrière l'écluse du bassin à flot. Là, de maisons à lanternes en ruelles escarpées, de brasseries (ou l'on goûtera la bière locale) en venelles, on se laissera emmener à l'époque où les toiles de lin tissées dans la région partaient, par la mer, rejoindre les gréements des navires de toute l'Europe. Il y a d'autres rivières en Bretagne nord dans lesquelles il fait bon s'enfoncer lorsque, dehors, le vent et la mer exagèrent : le Dossen et la Penzé, le Léguer qui prolonge la baie de Lannion, le Jaudy qui mène à Tréguier, le Trieux qui commence à Loguivy. Il ne faudra pas manquer non plus Perros-Guirrec, un labyrinthe de plus entouré de cailloux granitiques, avant de passer sous les impressionnantes falaises du cap Fréhel en direction de Saint-Malo. La cité corsaire a conservé toute son aura et reste le centre le plus actif et le plus fameux de toute la Bretagne nord. Il faut dire que Chausey et son *sound* ne sont pas loin, ni même les îles anglo-normandes qui constituent autant de destinations de croisière évidentes. De Saint-Malo, on remontera la Rance, on partira vers l'Irlande, les Scilly, l'Angleterre ou l'Écosse ; c'est à Saint-Malo que l'on prendra un grand bol d'air du large, tous les quatre ans, à l'occasion du départ de la route du Rhum. C'est à Saint-Malo intramuros, confortablement assis au bar de L'Univers, entouré des photos d'un yachting prestigieux, que l'on tentera de prendre conscience qu'ici, plus qu'ailleurs, la mer est vivante.

Des ruelles de la cité corsaire de Saint-Malo (*ci-dessus*) aux charmes de la rivière de Loguivy (*ci-dessous et page de droite*), les bonnes tables ne manquent pas en Bretagne nord.

Ce qu'il faut savoir...

Quand y aller

Mai, juin et juillet sont les mois les plus propices. Août également, mais il peut être orageux, et septembre commence à voir le brouillard augmenter. Parallèlement à la saison, on choisira de préférence une période de mortes eaux (faibles coefficients de marée) afin d'être moins soumis aux contraintes des marées déjà très sensibles dans toute cette région.

Comment s'y rendre

• À la voile : Brest et Saint-Malo constituent les deux points de départ/arrivée les plus évidents et les plus commodes. En raison du faible nombre de ports à sec, le catamaran, idéal à l'échouage, stable au mouillage et doté d'un faible tirant d'eau, peut être une solution intéressante.

• En train : toutes les villes littorales entre Brest et Saint-Malo sont desservies.

• En avion : aéroports à Brest, Lannion et Rennes.

• Par la route : liaison par voie rapide de Nantes, Rennes et Saint-Malo vers Brest.

À noter sur le livre de bord

• Zone météo : Ouest-Bretagne et Manche-Ouest.

• Marnage moyen : à Brest, entre 2,8 m et 5,9 m ; à Saint-Malo, entre 4,9 m et 10,6 m. Il peut atteindre 14 m dans la baie du Mont-Saint-Michel.

• La pointe du Raz détient le record des coups de vent pour l'année 1996 avec des vents établis pendant plusieurs minutes à 97 nœuds...

• Le phare de Créac'h (Ouessant) est le plus puissant de France avec une portée de 34 milles ; le plus élevé celui de l'île Vierge (82,50 m) ; le plus éloigné des côtes celui des Roches-Douvres à 35 km des côtes d'Armor.

• Les trois départements bretons totalisent 1 990 marques de balisage, soit 25 % du total des côtes françaises, D.O.M.-T.O.M. compris.

Les escales incontournables

• Le Tour du Monde, à Brest, sur le port du Moulin-Blanc à deux pas du musée Océanopolis.

• L'hôtel La Duchesse Anne à Lampaul (Ouessant) afin d'aller visiter le musée des Phares et Balises.

• L'aber Wrac'h, Perros-Guirrec, la Rance, l'île de Batz.

• Le mouillage de la Chambre à l'île de Bréhat (fréquenté en été).

• Brest et Douarnenez, lors des rassemblements des vieux gréements.

• La SNBSM, le club de Saint-Malo.

• Saint-Malo pour le départ de la route du Rhum tous les quatre ans.

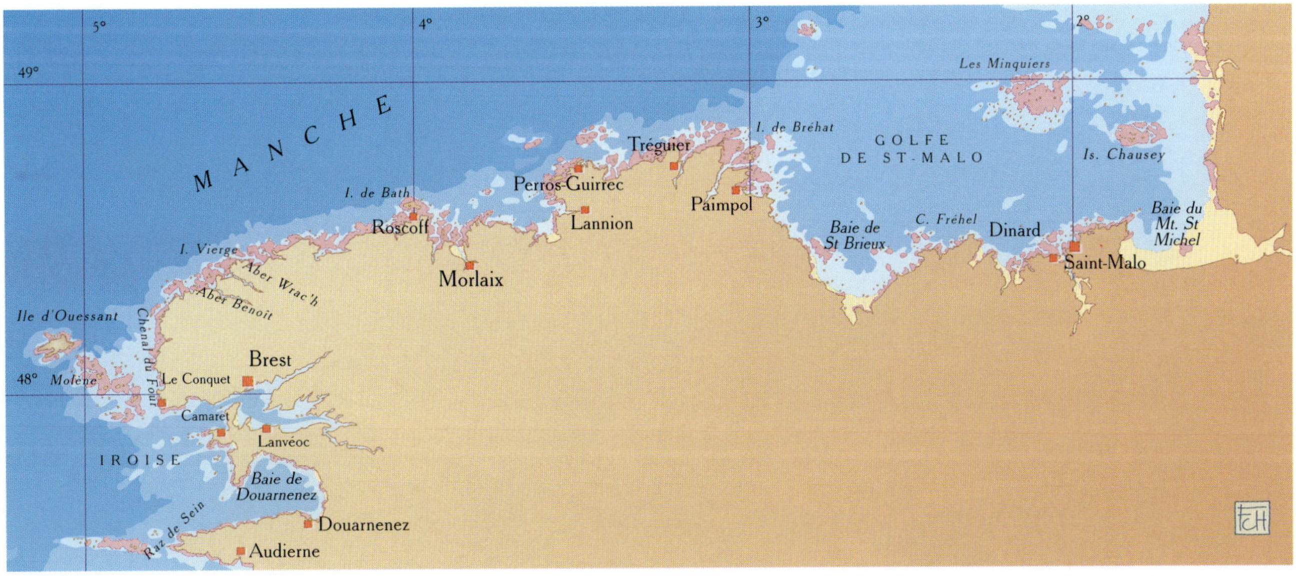

La Bretagne sud

Le temple des îles

Entre Bretagne nord et Bretagne sud, le port musée de Port-Rhu (*page de gauche*), à Douarnenez, est au cœur du mouvement qui a fait renaître la notion de patrimoine maritime sur toutes les côtes de France.

Le dédale d'îles, de rivières, de rias et de ports de toute taille, qui s'étend de la pointe de Penmarc'h à l'embouchure de la Loire, constitue le plus fantastique champ de croisière que l'on puisse imaginer. Assez venté pour ne jamais laisser les voiles au repos très longtemps, parcouru de courants qui ne risquent pas de laisser le navigateur inactif, émaillé de dangers bien balisés qui contraignent au qui-vive, alternance d'archipels sauvages et de ports très actifs peu éloignés les uns des autres. La Bretagne sud bénéficie, de surcroît, de paysages d'une qualité rare qu'une urbanisation prudente a su tenir en l'état. Il y a là de quoi multiplier les croisières à satiété : promenade d'un jour, navigation plus musclée, voyage d'île en île ou sauts de puce en eaux abritées. Douce et chaude en été lorsque l'anticyclone étend ses isobares, humide et parfois violente en hiver sous le régime des dépressions, tonique la plupart du temps, elle permet de naviguer à longueur d'année dans une gamme très large de conditions de vent et de mer.

La richesse de ce pays pour la navigation à voile est telle que l'on peut s'attaquer au problème de nombreuses façons. La Trinité-sur-Mer a tous les atouts du point de départ idéal, mais Bénodet, Concarneau et Lorient peuvent lui revendiquer ce titre. Les ports situés plus au sud comme le Crouesty, Pornichet, Le Pouliguen ou Le Croisic qui enserrent la station balnéaire de La Baule, peuvent réclamer ce privilège avec au moins autant de conviction. Les installations techniques destinées à la plaisance sont en Bretagne sud aussi denses qu'efficaces et font l'objet d'une attention soutenue de la part d'un personnel généralement très motivé et compétent. Le plus grand attrait de ce pays de mer reste néanmoins la grande variété des croisières que l'on peut y pratiquer.

Les îles tiennent évidemment une place très particulière et constituent autant de destinations naturelles avec une gradation dans la difficulté : une journée suffit pour effectuer un aller-retour entre Lorient et l'île de Groix, sans doute la plus variée et la plus attachante avec sa population de pêcheurs,

L'école de Pont-Aven

C'est en 1886 que Gauguin, à la recherche d'un « trou » où il puisse vivre « à bon marché », débarqua à Pont-Aven. Il y découvrit avec surprise une colonie de peintres, pour la plupart américains, qui fréquentaient ce lieu pittoresque depuis près de vingt ans. C'est un peintre bostonien, Henry Bacon, qui fut séduit le premier par le charme intact de ce petit village de mille cinq cents habitants resté en marge des premiers bouleversements du XIXe siècle. Autour de la forte personnalité et l'anticonformisme de Gauguin, se développa alors tout un groupe d'artistes qui inventa le synthétisme, considéré comme la première étape de l'art moderne, et qui ne cessa de s'amplifier. Les grands noms de ce mouvement furent Émile Bernard, Jacob Meyer de Haan, Paul Sérusier et Charles Filiger. Parmi les œuvres de Gauguin, *La Belle Angèle*, *Le Christ jaune* et *Moisson en Bretagne* ont été exécutées à Pont-Aven ou au village voisin du Pouldu où le peintre résida également. Depuis, de très nombreux artistes continuent de donner leur vision personnelle des paysages typiques des environs de Pont-Aven.

mais qui sait protéger ses atours par un espace compté dans les ports de Port-Tudy ou Locmaria. On peut faire le même genre d'escapade diurne, éventuellement agrémentée d'un mouillage forain, aux îles de Houat et Hoëdic à partir de la Trinité, Quiberon ou Le Crouesty. Les deux sœurs, qui ferment la baie de Quiberon au sud, ont un relief plus doux et se donnent des airs de terres méridionales grâce à leur position plus protégée et leurs grandes plages claires. Au départ de Bénodet ou de Concarneau, l'archipel de Glénan demande, pour sa part, une connaissance plus approfondie de la navigation, des courants, des calculs de marée et de la manière de circuler librement dans un véritable champ de mines néanmoins bien balisé. Bas sur l'eau, il n'a jamais le même aspect selon l'évolution de la marée et ce n'est pas pour rien s'il a donné son nom à la plus célèbre école de voile du pays où se sont formé des générations entières de navigateurs. C'est un lieu magique, très sauvage, étonnant par la clarté de ses eaux et la couleur de ses fonds qui ressemblent à des lagons tropicaux lorsque le ciel est au grand bleu. Belle-Île a, pour sa part, tout de la forteresse enchantée avec ses ports minuscules comme Le Palais ou Sauzon qui réclament d'être visités hors saison. Côté ouest, des falaises abruptes se dressent tels de formidables remparts contre la puissance sauvage des houles atlantiques. Parfois, la nature a creusé dans cette grande masse rocheuse de véritables nids d'amour comme les mouillages de Sterr Wen, Port-Goulphar ou Port-Maria.

Et puis, il y a le golfe du Morbihan. À elle seule, cette mer intérieure qui se remplit et se vide deux fois par jour avec une impressionnante frénésie mérite un vrai séjour de croisière. L'entrée, face à Port-Navalo, est assez spectaculaire – le courant peut y atteindre 6 nœuds en vives eaux – et doit être négociée à l'étale ou à marée montante. Une fois à l'intérieur, le balisage est aussi dense que bien entretenu et il n'est pas si difficile d'y suivre une route sûre. Parmi les nombreuses escales ou mouillages possibles, l'île au Moine et l'île d'Arz tiennent la vedette, mais il y a bien d'autres îlots, anses et recoins discrets qui valent un arrêt, ne serait-ce que pour profiter de la qualité des paysages alentours.

Les non-initiés pensent toujours que la beauté de la Bretagne est tout entière contenue dans son rapport de force avec l'océan, mais ce n'est là qu'une partie de ses attraits. Il faut, en Bretagne sud plus qu'ailleurs, savoir quitter le large pour aller dénicher des beautés cachées en remontant (toujours avec le flot) les nombreuses rivières qui sont toutes d'une beauté à couper le souffle. Au détour d'un méandre, on découvrira un château niché au cœur d'une forêt, un vieux moulin à marée, ou un village sorti d'un autre temps, blotti à l'abri d'une colline pour se protéger des grands vents d'ouest. Ainsi en est-il de l'Odet qui permet d'aller s'imprégner, dans le sillage de Gauguin, de cette lumière qui fit – et continue de faire – le ravissement des peintres de l'école de Pont-Aven. Ainsi en est-il également de la rivière d'Auray qui vous mènera jusqu'à son village de poupée et la chapelle Sainte-Anne à l'intérieur de laquelle se cachent quelques-uns des plus beaux ex-voto de Bretagne. Il ne faudra pas hésiter, non plus, à profiter d'un absolu beau temps pour passer la délicate barre d'Étel afin de s'enfoncer dans la mer du même nom pour aller y prendre la mesure de ce qu'était la flotte des thoniers d'antan.

Pages précédentes :
Le port de Sauzon et le mouillage d'Arzon.

Ci-contre :
Sur l'île de Hoëdic, les habitations sont rares, les paysages amples, et les mouillages nombreux.

En bas :
Le port du Palais à Belle-Île.

Pages suivantes :
Eaux turquoises des îles de Glénan et lumière du couchant sur la rivière de Bret.

Ils étaient plus de deux cents en 1934 et servaient douze conserveries, mais il n'en reste plus guère que d'impressionnants cimetières marins dressant un décor fantasmagorique à marée basse. Partout en Bretagne sud, il convient de savoir laisser son bateau pour aller se promener à pied, s'attabler dans une petite crêperie, déguster des fruits de mer et du poisson ou se dégourdir les jambes sur un terrain de golf.

Dans un autre registre, les amateurs de sensations fortes ne manqueront pas d'effectuer un pèlerinage à la Trinité-sur-Mer pour y détailler les multicoques des courses les plus célèbres du moment. Ils auront peut-être la chance de voir passer dans un nuage d'embruns le *Primagaz* de Laurent Bourgnon ou le *Fujicolor* de Loïc Peyron qui s'entraînent en baie de Quiberon. Sans doute iront-ils goûter un jour aux délices de la régate, lors du grand rassemblement pascal qui fait du Spi Ouest-France la plus grande régate du pays. Cinq cents bateaux sur l'eau, cela vaut le déplacement ! Les amateurs de belles carènes sauront traquer les endroits plus calmes pour aller, par exemple, admirer le *Pen Duick* d'Éric Tabarly sagement amarré quelque part dans l'Odet. Car la Bretagne sud, pays de la croisière, est d'abord le pays des marins. Ceux que la course a rendu célèbres, bien sûr, et qui vivent en majorité sur ces rivages, mais aussi ceux, plus discrets, qui vivent et travaillent là depuis toujours. Quelle que soit l'humeur de la mer ou la période de l'année, les marins pêcheurs ou les ostréiculteurs sont là partout en mer, dans les ports, à terre et font réellement vivre ce pays. Il y a ceux qui naviguent loin, mais ils sont de plus en plus rares, et ceux qui vont en mer tous les jours, posent et relèvent leurs filets, vont et viennent, malgré le tohu-bohu des plaisanciers qui prennent de plus en plus de place dans leurs ports. Il y a tout autour d'eux, ce monde si particulier des criées, des conserveries, des pêcheries, des coopératives maritimes, des chantiers d'ostréiculture. La Bretagne vit, et elle vit même bien dans un environnement d'une extrême qualité. À nous de le respecter.

Ce qu'il faut savoir...

Quand y aller

Particulièrement agréable de mai à septembre, la Bretagne reste soumise au développement des grands centres de pressions de l'Atlantique. Une bonne couverture météo est donc nécessaire pour les trajets les plus exposés, car les tempêtes liées au passage rapide des dépressions sur la pointe de Bretagne ou dans les îles britanniques peuvent être d'une très grande violence et lever une mer capable de mettre en difficulté les bateaux de plaisance.

Comment s'y rendre

• À la voile : embarras du choix pour déterminer son port d'arrivée. Tous les loueurs de bateaux y tiennent une base, les installations techniques sont, en général, denses et bien entretenues. On trouve de plus en plus de multicoques qui sont bien adaptés aux nombreux mouillages forains mais restent difficiles à caser dans les ports les plus exotiques. Ne pas oublier qu'un bon moteur est indispensable pour les remontées de rivière ou la navigation à contre-courant.

• En train : la ligne Paris-Brest dessert la plupart des ports de la côte comme Vannes (golfe du Morbihan), Auray (la Trinité-sur-Mer), Lorient, Concarneau et Quimper.

• En avion : aéroports à Nantes, Lorient, Quimper et Brest en liaison avec Paris, la plupart des grandes villes de province et certaines capitales étrangères.

• En voiture : c'est le moyen le plus souple, mais les routes sont très encombrées l'été. Il ne faudra pas oublier de remercier par la pensée Anne de Bretagne qui a interdit les péages sur les routes de Bretagne...

À noter sur le livre de bord

• Zone météo : Ouest-Bretagne et Nord-Gascogne. Répondeurs : 08 36 68 08 56 (Morbihan) ; 08 36 68 08 44 (Loire) ; 08 36 68 08 29 (Finistère).

• Marnage moyen : à Port-Tudy (île de Groix), entre 2,0 m et 4,2 m ; à Port-Navalo, (entrée du golfe du Morbihan), entre 1,9 m et 4,2 m.

Les escales incontournables

• Les Chandelles, la boîte de nuit des marins, à Carnac-Plage.

• Chez Pierre, ambiance yacht-club avec vue sur le port, à la Trinité-sur-Mer.

• Une pinte de Guiness chez Tibeudeff, à Port-Tudy.

• Le Spi Ouest-France, à la Trinité-sur-Mer lors du week-end de Pâques.

• Mouiller à la Chambre, entre Drenec et Saint-Nicolas (îles de Glénan) et filer boire un verre chez Castric. Homard obligatoire ensuite.

• Une remontée de l'Oder jusqu'à Pont-Aven et de la rivière d'Auray jusqu'au Bono.

• Chez Jacky, à Port-Belon, dans la rivière du même nom, où il est question d'huîtres plates.

La Rochelle et les îles atlantiques

La capitale de la plaisance

Dans toute croisière, il y a un port de départ. La Rochelle pourrait être celui-là. Surnommée « la capitale de la plaisance » en raison du boum économique qui lui a valu, dans les années soixante et soixante-dix, d'accompagner par son dynamisme l'explosion de la plaisance de masse, La Rochelle est restée depuis cette époque le centre hyper-actif d'une région qui voit naître la plupart des bateaux de croisière et des équipements nautiques produits en France. On a l'habitude de dire, toutes proportions gardées, que La Rochelle et sa région voisine, la Vendée, constituent une sorte de « Silicon Valley du nautisme », et c'est vrai. On y crée plus qu'ailleurs, et si les idées nouvelles y grandissent mieux et plus vite, ce n'est pas un hasard. Avec ses tours, ses remparts fortifiés et sa ribambelle de bistrots et de restaurants, le vieux port constitue l'une des escales les plus agréables qui soit. Situé en plein cœur de la cité qui donna tant de soucis à Richelieu, le bassin à flot est une sorte de havre idéal pour le voyageur maritime.

Les tours de La Rochelle sont aussi célèbres que les filles de la chanson. Historique et accueillante, la capitale de la plaisance française est une escale aussi vivante qu'agréable.

Face au succès rencontré, La Rochelle a été l'un des premiers grands sanctuaires de la voile à s'équiper, à travers le port des Minimes, d'un ensemble capable d'accueillir en un même lieu des milliers de bateaux de plaisance (trois mille unités) avec les services techniques et les commerces spécifiques les plus adaptés. Plus que centenaire – elle fut fondée en 1860 – la Société des Régates rochelaises trône au cœur de cet ensemble. Elle n'a certes pas le charme des vieux yacht-clubs britanniques, mais elle a prouvé depuis longtemps son dynamisme en organisant toutes sortes d'événements dont le plus célèbre, la Semaine de La Rochelle, a lieu au mois de mai. On y rencontre à cette occasion tout ce qui peut voguer sur l'eau, de l'Optimist au grand coursier des mers. C'est également là que se tient la plus grande manifestation nautique française, hors Salon Nautique de Paris, le Grand Pavois, qui dresse ses tentes lors de la deuxième semaine de septembre.

Historique, pleine de charme, facile d'accès, vivante, culturelle, La Rochelle a, de plus, l'avantage d'être située au cœur d'une région qui constitue une destination de croisière authentique. À deux pas, une ribambelle d'îles charmantes sont autant de destinations faciles et de remparts efficaces contre les coups de chien de l'Atlantique. On peut également s'enfoncer dans les terres en remontant des rivières comme la Charente ou la Seudre afin d'aller vérifier, du côté de Rochefort ou de Marennes, l'excellent état de fraîcheur des vestiges de l'histoire ou des délices gastronomiques.

Une fois les portes du bassin à flot ouvertes et le chenal des Minimes franchi, l'étrave attaque l'eau d'un plan d'eau parfaitement abrité. Les premiers milles de navigation mènent immanquablement vers l'une des trois îles qui l'enserrent. L'île de Ré est la plus proche. Elle a perdu son insularité depuis la construction du pont qui la relie au continent, mais si la fréquentation intérieure en a été multipliée, un équipage de voilier y trouvera toujours autant de motifs de satisfaction. Pour peu que l'on sache tirer parti des courants et des horaires de marées, le dépaysement et l'exotisme sont au bout de l'étrave lorsqu'il s'agit de s'engager dans le chenal qui mène à la ville fortifiée de Saint-Martin-de-Ré, ou en suivant un pilotage serré dans le fiers d'Ars-en-Ré pour rejoindre le petit village perdu entre les tas de sel. Ré s'offre alors avec ses maisons blanchies à la chaux qui contrastent avec les volets de couleurs vives, sa douceur, sa sérénité.

Aix, la plus petite et la moins facile d'accès, ne possède pas de port (on échoue à marée basse) mais elle a su rester une île, une vraie, sur laquelle vivent deux cents personnes en hiver et près de quatre mille en été. Ravissante avec ses jardins fleuris, historique avec ses forts partiellement occupés par des colonies de vacances, charmante avec ses petites maisons blotties les unes contre les autres, intéressante avec son musée africain et ses souvenirs des temps napoléoniens, intelligente avec ses calèches qui remplacent les voitures et ses fils électriques enterrés, Aix est un peu le joyau des pertuis.

Oléron, la plus grande, est aussi la plus variée avec ses salines, ses forêts, ses huîtres, son pineau, ses sept villages, ses trois ports et ses nombreux pêcheurs qui la rendent à la fois sereine et active. Directement confrontée aux assauts du grand large, elle est à la fois la plus atlantique et la plus terrienne. Atlantique lorsqu'on se promène du côté du phare de Chassiron, terrienne puisqu'elle fut reliée à la terre, dès 1966, par un viaduc à péage qui fait fi des eaux tourbillonnantes du pertuis de Maumusson.

À partir de La Rochelle, on peut également remonter vers le nord pour aller

Ci-dessous :
Jardins soignés et maisons fleuries de l'île d'Aix.

s'imprégner de l'ambiance si attachante des îles de l'Atlantique. L'île d'Yeu sent déjà bon le grand large sans se départir d'une tonalité méridionale appuyée. Il faut naviguer en eaux ouvertes pour l'atteindre, mais la récompense est de taille. Port-Joinville, sa principale bourgade, vit au rythme du va-et-vient des pêcheurs dont certains sont assez téméraires pour aller traquer le bar au milieu des rouleaux de la côte ouest, du côté du redoutable écueil des Chiens-Perrins. La côte sud est délicieusement sauvage et offre de très beaux mouillages à proximité du petit port de la Meule ou au pied du vieux château qui se donne des airs de forteresse écossaise.

Plus proche de la terre, Noirmoutier y est reliée par une route découvrant à marée basse le passage du Gois, qui a englouti bien des charrettes autrefois, et continue de gober régulièrement des voitures imprudentes.

Ci-dessus :
L'échouage (ici dans le petit port de La Meule sur l'île d'Yeu) est une technique courante qui permet d'aller plus avant dans les ports et les estuaires.

Le petit port de l'Herbaudière est techniquement le plus commode, mais les mouillages du Bois-de-la-Chaise ainsi que l'entrée par l'étroit canal qui mènent au pittoresque village de Noirmoutier-en-l'Île sont largement plus exotiques.

En partant de La Rochelle, on peut aussi flâner le long des ports de Vendée, comme Saint-Gilles-Croix-de-Vie ou Les Sables-d'Olonne, port de pêche actif, station balnéaire populaire qui vit tous les quatre ans au rythme de la plus fameuse des courses en solitaire : le Vendée Globe. On pourra aussi mettre le cap vers le sud et s'enfoncer entre les vignobles de Gironde, pousser jusqu'aux parcs à huîtres du bassin d'Arcachon, viser l'Espagne et la Galice, cingler vers Gibraltar et la Méditerranée, ou plus loin encore, vers les Alizés et la mer des Caraïbes. À La Rochelle, il suffit de larguer les amarres...

Ce qu'il faut savoir...

Quand y aller

Avec le développement de la plaisance, le progrès des techniques et de l'équipement, les vêtements marins notamment, on peut naviguer à La Rochelle à longueur d'année, mais il est évidemment plus agréable de le faire d'avril à septembre. Largement agrémentée en vents de toutes sortes et de tout calibre avec une préférence pour les vents d'ouest, La Rochelle et les îles sont une destination facile et très courue, à la fois par les plaisanciers et les vacanciers terriens, d'où une inévitable surpopulation des infrastructures et de certains mouillages durant les vacances et à la belle saison.

On préférera donc, comme pour nombre de destinations, les mois de mai, juin et septembre durant lesquels les îles environnantes redeviennent des havres de tranquillité.

Comment s'y rendre

• À la voile : largement venté, le plan d'eau de La Rochelle est cependant assez peu profond et un faible tirant d'eau sera souvent appréciable.
De même, il faut envisager de pouvoir s'échouer facilement, que ce soit volontaire ou non. Une bonne annexe est également recommandée afin de pouvoir mettre pied à terre avant que le bateau n'ait fait son lit dans la vase...
• En train : le moyen de transport le plus commode en l'absence d'un aéroport important (2 h 50 de TGV de Paris-Montparnasse).
• En avion : TAT assure des liaisons quotidiennes Paris-La Rochelle (1h), et on peut également utiliser les aéroports de Nantes et Bordeaux.
• Par la route : Paris est à 5 h via Niort et Poitiers ; Bordeaux à 1 h 30 via Saintes ; Nantes à 1 h.

À noter sur le livre de bord

• Répondeur météo : 08 36 68 08 17 (zones Nord-Gascogne et Sud-Gascogne).
• Marnage moyen à La Rochelle : entre 2,4 m (ME) et 5,1 m (VE).
• Office du tourisme : 05 46 41 14 68.
• Régie du port : 05 46 44 41 20.
• Société des Régates rochelaises : 05 46 44 62 44.

Les escales incontournables

• Le Musée maritime de La Rochelle (05 46 28 03 00).
• Le vieux port et la vieille ville, ses restaurants, ses bars, ses musées.
• À l'île de Ré, le musée de la Marine à Saint-Martin-de-Ré.
• À l'île d'Aix, le musée Napoléon et le Musée africain.
• À l'île d'Oléron, Fort Boyard (en mer), le port de la Cotinière.
• À l'île d'Yeu, la criée, le port de la Meule.
• À l'île de Noirmoutier, le passage du Gois, la tour du Plantier, le Bois-de-la-Chaise.
• Les huîtres et le pineau des Charentes ; en Vendée : le jambon-mogette, la brioche et la galette vendéennes.

Page de droite :
L'île d'Aix, destination pleine de charme au départ de La Rochelle.

Newport et la Nouvelle-Angleterre

Aux sources du Nouveau Monde

Naviguer au cœur de la Nouvelle-Angleterre revient à effectuer une incursion dans le monde essentiellement maritime du XIXe siècle, en même temps qu'un pèlerinage aux sources des États-Unis d'Amérique.

Naviguer à Newport revient à tirer des bords au cœur d'une légende. Newport, théâtre des prestigieuses régates de la Coupe de l'America. Newport, rendez-vous des milliardaires de la côte nord-est des États-Unis à la Belle Époque. Newport, terme des transats qui ont vu naître la légende des Tabarly, Colas, Terlain et autre Poupon. Newport, terre d'élection des fameux classe J, les bateaux de course les plus monstrueux de l'histoire. Newport, terrain de jeu préféré des merveilles flottantes dessinées et construites non loin de là, à Bristol, par les frères Herreshoff. Newport, temple des 12 mètres J.I., plan d'eau adulé du champion des champions, Dennis Conner et de son adversaire préféré, l'Australien John Bertrand. Newport, théâtre de l'épopée du baron Bich, planche de saut du milliardaire australien Alan Bond et plan d'eau éprouvette de la quille à ailette d'*Australia II*. Newport, ville de départ du BOC Challenge et des exploits en solitaire autour du monde de Philippe Jeantot. Newport, ville touristique et qui a su rester un havre de villégiature apprécié dont le Festival de jazz attire les plus grands artistes au cœur de l'été.

Newport a échappé à l'urbanisation galopante de l'Amérique et conservé par miracle sa petite taille de bourgade européenne. Elle est devenue le pendant américain de Cowes la britannique et a toujours constitué avec Block Island, une destination de croisière évidente pour les yachts venus de Boston ou de New York par le Long Island Sound. Ruelles en pente, exquises maisons à clin, grandiloquentes *mansions* regroupées sur Bellevue Avenue ou Ocean Drive, bars de légende comme le Christie's ou le Black Pearl, ont permis à Newport de rester une destination touristique active. Même le départ de la Coupe de l'America, déménagée

en 1983 par les régatiers venus de *down under,* n'a rien changé à l'affaire. Boutiques en tout genre, bars, restaurants y déclinent à l'infini l'art de la *clam chowder* et du homard cuisiné à tous les modes et à toutes les sauces. Newport bouillonne toujours avec cette insouciance mêlée de retenue qui sied si bien aux familles policées de la Nouvelle-Angleterre. Ici, la Californie fait encore un peu figure de pays de barbares peuplé de mal élevés uniquement intéressés par l'argent.

À 120 milles au nord de New York, à 100 milles au sud de Boston et de Cape Cod, au cœur de la Nouvelle-Angleterre qui fut le lieu de débarquement naturel des premiers colons d'Amérique, Newport se niche au fond d'une baie bien abritée qui constitue une escale parfaite. Les yacht-clubs y sont parfois étonnants comme le Goat Island Y.C., perché tout seul sur son caillou au milieu de l'eau et seulement relié à la terre par un

Ci-dessus :
Mouillage, façon « été indien », sur le North Shore, près de Riverdale.

ponton. En été, les brises sont douces, mais le littoral de la Nouvelle-Angleterre n'est pas toujours aussi facile et propose parfois un savant mélange de brouillards tenaces, de courants sournois et de bancs de sable incertains. En hiver, la région redevient soudain calme et immobile. L'air polaire venu du Grand Nord y fige tout sur place et consigne les bateaux à terre et dans les hangars. À la belle saison, le pays de croisière s'étale dans trois directions : vers le sud et Block Island, l'intérieur des terres et Providence ; vers l'est, les îles de Martha's Vineyard et Nantucket ; au-delà, vers Cape Cod et Boston. En réalité, une croisière qui irait visiter Newport partirait plus facilement de Boston ou, encore mieux, de Marblehead qui est une autre grande capitale américaine de la plaisance. Marblehead est surtout le repère du fameux maître voilier Ted Hood, rejoint par une kyrielle de chantiers, accastilleurs et loueurs qui veillent sur un grand nombre de bateaux de croisière.

Marblehead est le point de départ idéal pour aller prendre la mesure de ces ports à l'origine du Nouveau Monde. Comme Salem, qui fut autrefois la deuxième ville la plus riche des États-Unis, Manchester, Gloucester, le plus ancien de tous les ports américains, ou Rockport avec ses maisons colorées qui attirent de nombreux artistes. Ici, l'environnement est de qualité, les maisons qui font face à la mer sont soignées à l'extrême, parfois accompagnées d'un ponton auquel est amarré un bateau superbement entretenu. C'est le pays des belles enseignes en bois, des girouettes originales ou des boîtes aux lettres en forme de baleine.

Également très prisé des Américains, le Cape Cod est déjà ancré au cœur de l'Atlantique. Du moins cette corne de sable respire-t-elle au rythme des marées et des courants qui s'en vont faire la richesse poissonneuse des bancs de Terre-Neuve et lui grattent chaque année quelques mètres de littoral. Ici, ce n'est pas encore l'Europe mais plus tout à fait l'Amérique. La région est hasardeuse du point de vue de la navigation et fait partie de ces sites souvent brumeux où l'on bénit à chaque mille l'invention et la précision des positionneurs GPS. Les navires des temps passés n'avaient pas cette chance, et environ deux mille d'entre eux se sont perdus dans ces eaux au siècle dernier. Cape Cod vaut néanmoins le détour ; on y dispose d'un bon mouillage et de postes d'amarrage plus solides dans la petite ville de Provincetown. Plus au sud, impossible de manquer l'escale dans les deux îles de Nantucket et Martha's Vineyard. Impossible non plus d'y arriver sans avoir relu *Moby Dick* et les autres récits d'Herman Melville. On visualise alors ce que pouvait être la vie

Ci-dessous :
North Falmough, l'un des mouillages des environs de Cape Cod dont les eaux sont également réputées pour la taille et la qualité des homards que l'on y pêche.

de ces ruelles à l'époque où Nantucket était la tête de pont de la pêche à la baleine, avec ses bateaux blottis les uns contre les autres, l'agitation des mille et un métiers du port, ses auberges grouillantes, ses équipages en cavale et, un peu plus loin, les belles maisons des armateurs et des capitaines. Aujourd'hui, Nantucket est devenu un lieu de pèlerinage en même temps qu'un lieu de villégiature raffiné. Sous l'œil goguenard des colonies de phoques, on y visite le musée de la Baleine entre deux promenades dans la lande où se côtoient hérons bleus et airelles sauvages.

Martha's Vineyard vit dans le même registre – maritime et historique – mais marque sa différence. Elle est plus touristique, plus douce, en grande partie recouverte de forêts et plus accueillante avec sa ronde de ferries qui dérangent à peine les bateaux mouillés devant Vineyard Haven ou Edgarton. Newport n'est plus qu'à quelques milles, mais il faut faire un crochet par New Bedford, la capitale de la pêche à la baleine et Fairhaven d'où partit un certain Joshua Slocum par un beau jour de 1895. Sur la route du retour vers Marblehead, il est plus facile d'emprunter le canal qui permet d'éviter le contour hasardeux et dépourvu d'abri de Cape Cod. Long de 12,5 milles, il est alternativement parcouru par les courants de marées qui peuvent atteindre 5 nœuds et réclament une navigation au moteur. Les méandres de l'histoire imposent de faire un arrêt à Plymouth ou Duxburry, afin d'aller s'imprégner des aventures de ce groupe de cent deux puritains, hommes et femmes, qui quittèrent un jour l'Angleterre à bord d'un navire baptisé *Mayflower* pour s'en aller fonder la première colonie du Nouveau Monde en 1620. La suite de leur histoire est connue et s'appelle les États-Unis d'Amérique.

Ci-dessous :
Comme toutes les grandes villes de la côte est, Boston est avant tout un port mais reste une ville extrêmement agréable qui, en dépit de sa taille, a conservé un zeste de cachet européen.

Ce qu'il faut savoir...

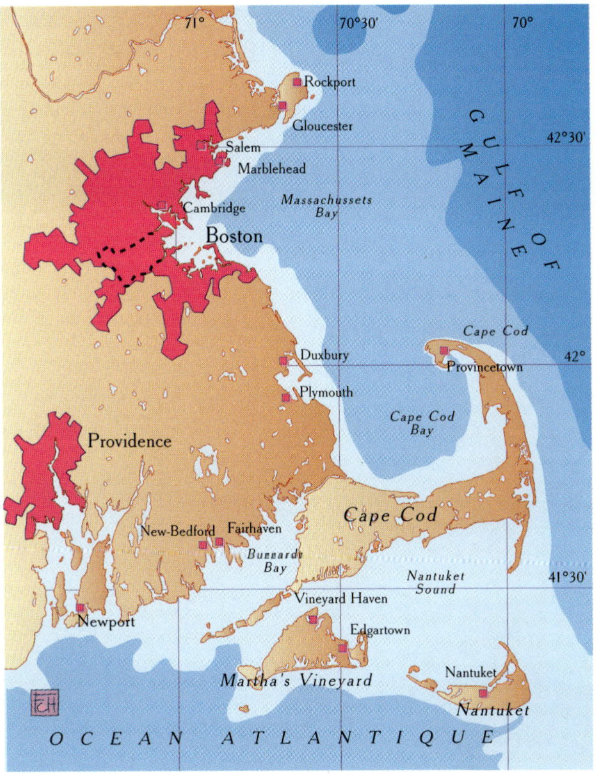

Quand y aller

De mai à septembre, il fait rarement très chaud et le vent est généralement léger et déclenché par les brises thermiques. Le passage des fronts est rare durant cette période et s'accompagne de très belles journées avec vent de nord-ouest une fois le front passé. Septembre peut connaître de longues journées successives de brouillard.

Comment s'y rendre

• À la voile : Newport est à 3 000 milles de Brest sur la route directe, trajet qui a toute chance de s'effectuer au près. En passant par une route sud qui contourne l'anticyclone des Açores, il faut compter 1 000 milles de plus mais on navigue au portant.

• En avion : liaisons quotidiennes par de nombreuses compagnies aériennes entre Paris et New York ou Paris et Boston. Liaisons intérieures vers Providence, l'aéroport le plus proche de Newport.

À noter sur le livre de bord

• Monnaie : le dollar US (1 $ = +/- 6 FF).

• Décalage horaire : - 6 h.

• Le record de la traversée Europe-États-Unis, sur le trajet de la Transat entre Plymouth et Newport, est de 9 j 8 h et 5 mn, détenu par Laurent Bourgnon et Cam Lewis depuis juin 1994.

• Dans le sens retour, ça peut aller plus vite : *Jet Service* skippé par Serge Madec n'a mis que 6 j 13 h et 13 mn pour aller du phare d'Ambrose (New York) au cap Lizzard. Si le cœur vous en dit...

• Il y a d'autres grands sanctuaires de la croisière sur la côte nord-est des États-Unis comme le long des côtes du Maine, ou la Chesapeake Bay entre Norfolk et Baltimore.

• La côte est des États-Unis est doublée sur toute sa longueur par les Inlands Waterways qui permettent de circuler du nord vers le sud ou inversement quelle que soit la météo. L'accès aux grands lacs, également très fréquentés par les navigateurs américains à la belle saison, se fait depuis New York.

Les escales incontournables

• Dans la journée, les *mansions* sur Bellevue Avenue ou Fort Adams, ou un jogging le long d'Ocean Drive.

• Pour le shopping, les boutiques de Bannister's Wharf.

• Pour dîner le soir dans une ambiance *yachties*, le Christie's (Christie's Landing) ou le Charthouse (Bowen's Wharf). *New England clam Showder* en entrée de rigueur, homard pour la suite.

• Fin de soirée au Black Pearl (West Pelham Street) ou au Candy Store (Bannister's Wharf). Tous les équipiers de la Coupe de l'America y sont venus un jour (certains plus que d'autres...).

• On peut louer des 12 m J.I. authentiques comme *Westerly*, *American Eagle* ou *Intrepid* ou, encore mieux, le fameux classe J *Shamrock*, le seul qui ait été construit en bois, chez Alden Yachts Charter ou America's Cup Charter.

2 Escales méditerranéennes

La Provence maritime

Entre mistral et pastis

De la grandeur sauvage des calanques de Cassis (*ci-dessus*) au cachet inimitable du port de Saint-Tropez (ici durant la Nioulargue, *page de gauche*), le littoral provençal offre une grande variété d'escales praticables en toute saison.

Globalement, c'est le pays du mistral. Non pas que le maître vent de nord-ouest qui souffle en bourrasque soit omniprésent au point de hanter les esprits, mais la région qu'il balaie, entre Marseille et Saint-Tropez correspond à une unité de culture, une manière d'appréhender la mer, la croisière et le bonheur de vivre en général. Incidemment, il s'agit d'une région truffée de mouillages sauvages et de ports bien équipés, dénuée de courants marins, dotée de rivages accores et d'un climat dont la réputation n'est plus à faire, ce qui permet d'y croiser à peu près toute l'année selon les formules les plus variées.

Généralement, on a de la Provence une image plutôt terrestre, faite de champs de lavande, de gardians de Camargue, de « Mireilles » en costume, le tout teinté d'une faconde méridionale qui puiserait ses racines du côté des romans de Marcel Pagnol. La Provence maritime n'apparaît dans cette image d'Épinal qu'à travers les bouffonneries de Marius et César, ce qui est quelque peu limitatif. En réalité, le Marseille côté mer gagne a être connu et les amateurs de croisière devront d'abord retenir que cette ville constitue surtout un excellent port d'embarquement, largement alimenté en moyens de transports internationaux. Avec son Vieux-Port placé en plein cœur de la ville, la cité phocéenne, fondée par les Grecs, sera le point de départ d'une croisière en direction de l'est qui se fera sans doute au portant puisque les vents d'ouest sont ici dominants.

On est toujours surpris par le fait que cette agglomération de plus d'un million d'habitants soit dotée d'un champ de croisière aussi proche de son centre. Les premiers mouillages agréables se trouvent à moins d'un mille de la sortie du Vieux-Port, dans l'archipel du Frioul, à portée d'annexe de l'île du château d'If rendue célèbre par le roman d'Alexandre Dumas, *Le Masque de fer.* Largement édenté, aride, taillé à grands coups de serpe dans le calcaire brut, le Frioul abrite un port infiniment plus calme que ceux situés sur

Le mistral

Mistral est un nom propre, celui de Frédéric, chantre de la langue provençale, poète et fondateur du mouvement du félibrige. C'est surtout celui du vent dominant qui, du delta de Camargue aux pinèdes de la presqu'île de Saint-Tropez, et d'une manière plus générale sur tout le bassin ouest de la Méditerranée, lâche ses rafales tempétueuses dans un ciel bleu immaculé. Physiquement, il ne s'agit que du courant d'air froid de nord-ouest qui suit le passage d'un front pluvieux dans une dépression, système caractéristique dans l'hémisphère nord. Il est généralement lié au passage d'une perturbation sur la France qui crée une dépression secondaire dans le golfe de Gênes, laquelle ravive cette descente d'air froid qui est obligé de se forcer un passage dans la vallée du Rhône et le seuil de Naurouze. Vent de terre, le mistral atteint assez facilement force 9 et lève un clapot court près des côtes ainsi que des vagues abruptes au large. Il souffle rarement au sud des Baléares et dans le golfe de Gênes, mais très fréquemment dans l'axe de la vallée du Rhône.

la côte. C'est surtout là que débutera le rituel local qui veut qu'avant chaque repas, on sorte des verres, une bouteille de pastis, un peu d'eau fraîche et quelques olives pour enfin prendre le temps de ne rien faire. Raconter quelques bonnes blagues, lire, se dorer au soleil, sc baigner, s'amuser à envoyer un quignon de pain aux mouettes de passage, jouir pleinement du plaisir d'être à bord d'un bateau en partance pour quelques jours de coupure intégrale, voilà la vraie vie ! La rade de Marseille possède cette faculté rare qui vous fait basculer en un rien de temps de l'état de citadin très pressé à celui de plaisancier franchement décontracté.

6 milles plus loin, la grande ville ayant cette fois totalement disparu, on se retrouve dans le spectaculaire massif des Calanques qui ont pour nom Sormiou, Morgiou, En-Vau, Sugitton, ou Port-Pin. Eaux turquoises, pins odorants accrochés à même les falaises, mouillages avec ancre d'un côté et bout à terre de l'autre, cigales de circonstance, on est là totalement coupé du monde civilisé, entouré de falaises vertigineuses sur lesquelles s'échinent parfois des cordées de varappeurs en tout genre. Ne serait-ce l'incursion des navettes qui font la visite au départ du charmant port voisin de Cassis, le calme y est total et l'abri parfait, même lorsque le mistral cogne fort à l'extérieur.

Au-delà des falaises du cap Canaille, on peut éventuellement choisir de s'arrêter à La Ciotat, commode pour l'avitaillement, ou à Bandol qui a les attraits et les défauts des stations balnéaires, mais dont le terrain de boules se trouve à côté du quai, détail pratique pour les amateurs de pétanque. Sanary, le port suivant, a su conserver un peu plus de charme et d'authenticité grâce à sa population de pêcheurs. Là comme ailleurs, on profitera à satiété des marchés colorés de Provence qui proposent primeurs de saison, poissons, épices, charcuteries et autres spécialités locales, gastronomiques ou décoratives.

On pourra, si le temps est clément, aller passer quelques heures au mouillage dans l'archipel des Embiez, plutôt mal pavé, mais dont les eaux claires sont agréables à la baignade. Au-delà du cap Sicié, la presqu'île de Saint-Mandrier est occupée en partie par des installations militaires tenues à distance du village dont le port est nettement plus calme et humain que celui de Toulon. La préfecture du Var constitue un excellent abri et une halte technique de premier ordre, mais n'est pas à proprement parler une escale de rêve pour les yachts de passage.

La rade d'Hyères, en revanche, est un véritable paradis pour la croisière. On peut décliner à satiété la presqu'île de Giens, les îles d'Or composées de Porquerolles et de Port-Cros ainsi que leurs dépendances, les îles de Bagaud et du Grand-Ribaud. Plus escarpée, l'île du Levant est une zone militaire interdite au mouillage, et le village d'Héliopolis qui s'accroche sur sa côte occidentale est réservé aux naturistes.

Deux escales incontournables des environs de Marseille : le vieux port (*ci-dessus*) et le château d'If (*ci-dessous*).

Entièrement dévouée au tourisme mais cultivée de vignes, Porquerolles abonde en mouillages paradisiaques aux eaux turquoises dont les plus célèbres sont situés tout à l'ouest au pied du fort du Langoustier et celui, côté est, de la baie de l'Alycastre. Il faut savoir profiter

hors saison de cette escale pleine de charme, afin d'aller y débusquer quelques champignons, louer un vélo pour grimper jusqu'au phare du cap d'Arme avant d'aller boire un verre au bar de L'Escale qui abrite le yacht-club. L'été, comme partout ailleurs sur ce littoral, la cohue touristique gâche le plaisir. Parc national et réserve sous-marine, l'île de Port-Cros ne possède qu'un seul bon mouillage, celui de Port-Man, noyé dans les pinèdes, ce qui lui vaut d'être lui aussi surfréquenté en été. Hors saison, Port-Cros redevient une escale adorable, plus sauvage encore.

Si le régime de vent est à l'est, la partie nord de la rade d'Hyères propose également de superbes mouillages comme la baie de Brégançon, au pied du fort qui sert de résidence d'été aux présidents de la République française, ou les mouillages de Léoubes et de l'Estagnol bordés de belles plages. Des domaines privés ont mis cette partie du littoral à l'abri de l'urbanisation galopante, ce qui n'est hélas plus le cas du versant oriental du cap Bénat, ni de Cavalaire, du Lavandou, ou de Cavalière qui sont cependant d'excellents abris et, en même temps, de bons points d'avitaillement.

Mouillages encombrés en été, eaux cristallines, sites historiques et douceur de vivre sont de rigueur en Méditerranée, comme ici au fort du Langoustier (*page de droite*) à la pointe ouest de Porquerolles.

Il faut attendre la portion de rivage située entre le cap Taillat et Saint-Tropez pour retrouver des mouillages agréables, particulièrement bien abrités par vent d'ouest mais peu des vents d'est. La baie de Pampelonne est déjà le rendez-vous des grands yachts venus de la Côte d'Azur et des nombreux bateaux, du « pointu » au racer offshore, sortis pour la journée du golfe de Saint-Tropez. Le plus célèbre des ports provençaux, cité corsaire à l'origine, a miraculeusement conservé sa ravissante silhouette et tout son charme. Évidemment infréquentable au cœur de l'été, il retrouve tous ses attraits en mai, juin ou septembre, voire au cœur de l'hiver. Il est étonnant de constater à quel point les habitants du village ont su garder leur simplicité et leur esprit de corps en dépit des extravagances qui défilent sous leurs yeux. La meilleure occasion

Ci-dessus :
Début octobre, la Nioulargue est la grande fête de la voile à Saint-Tropez. On peut y voir naviguer quelques-uns des plus beaux yachts du monde.

Ci-contre :
Port-Cros, le port est minuscule, l'escale très convoitée.

de découvrir l'âme véritable de ce bout de Provence se situe en mai, lors de la fête de la Bravade qui a lieu durant le week-end de la Pentecôte. La première semaine d'octobre, Saint-Tropez devient véritablement magique avec la tenue de la Nioulargue. Cette manifestation, qui rassemble les plus beaux voiliers du monde, n'est sans doute pas le meilleur moment pour une escale car le port affiche complet, mais le spectacle mérite quelques efforts, par exemple celui de mouiller dans la baie des Canebiers. Le jeu en vaut vraiment la chandelle.

Ce qu'il faut savoir...

Quand y aller

On peut envisager une croisière en Provence maritime d'avril à octobre, sans oublier que, comme partout en Méditerranée, les mois les plus agréables sont mai, juin et septembre. Les ports et les mouillages sont très encombrés du 10 juillet au 20 août.

Le régime des vents est mixte, alternant des régimes de brises très maniables à des vents synoptiques plus soutenus qui soufflent en général selon deux directions majeures : de l'ouest/nord-ouest avec ciel dégagé ou du sud-est avec temps couvert. On peut très bien envisager également une croisière d'hiver, à Noël ou en février, les ports et villages retrouvant alors un certain art de vivre. Le vent est alors plus soutenu mais les mouillages sont déserts.

Comment s'y rendre

• En avion (aéroports de Marseille et Hyères), en train (toutes les villes du littoral) ou en voiture (autoroute à tous les étages), tous les moyens sont bons pour rejoindre le littoral méditerranéen.

• À la voile : de nombreux loueurs sont répartis sur toute la côte de Port-Camargue à Saint-Raphaël avec une concentration plus forte à Marseille, Toulon, Hyères et dans la baie de Saint-Tropez.

À noter sur le livre de bord

• Zone météo : Provence. Répondeurs : 08 36 68 13 (Bouches-du-Rhône) et 08 36 68 83 (Var).

• Le sud de l'île du Levant peut être interdit à la navigation en période d'essais de tir.

• Le ramassage des oursins est autorisé uniquement de septembre à avril.

• En été, de nombreux mouillages sont limités par les bouées de protection des baigneurs.

Les escales incontournables

• Mouillage forain dans les calanques de Cassis avec escalade au petit matin.

• Le petit port du Niel, au bout de la presqu'île de Giens.

• Promenade en vélo sur l'île de Porquerolles.

• Le mouillage du cap Taillat.

• Le Club 55, sur la plage de Pampelonne, mais de préférence en demi-saison.

• Une plongée à Port-Cros (chasse interdite, évidemment).

• La Nioulargue, début octobre, à Saint-Tropez.

• Le bar de l'hôtel Sube avec vue imprenable sur le port de Saint-Tropez.

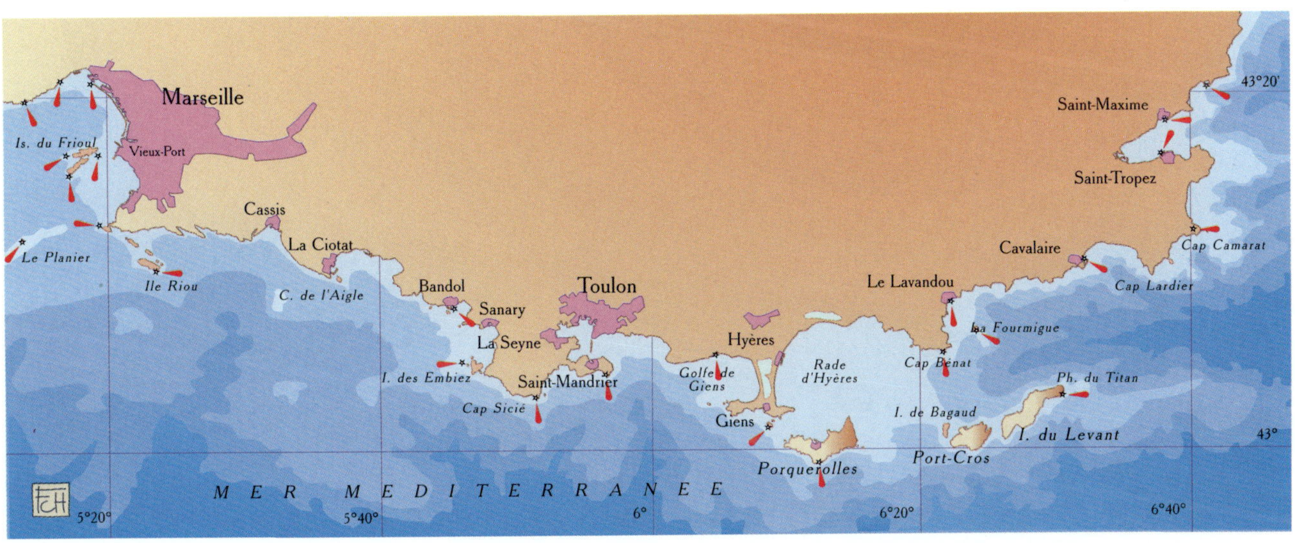

La Côte d'Azur et la Riviera

Le rêve des super-yachts

Du golfe de Saint-Tropez à la frontière italienne et au-delà, la côte méditerranéenne a, sans aucun doute, perdu beaucoup de son charme naturel. Elle reste néanmoins une destination de croisière très courue pour ceux qui veulent, avant tout, profiter d'un climat exceptionnellement agréable le long d'un littoral qui permet de naviguer sans difficultés et de s'amarrer solidement chaque soir dans un port bien abrité.

Dans ce domaine, la Côte d'Azur est sans doute l'endroit le plus privilégié de France, car elle n'est qu'une succession de ports de plaisance, entrecoupée par des portions de littoral au relief escarpé, qui ont en commun la bienveillance des éléments à leur égard et la franchise de leurs abords. Pas le moindre courant en vue, les fonds sont généreux, les coups de vent extrêmement rares à la belle saison, et c'est même l'absence de vent qui pourrait à la rigueur constituer un éventuel problème. La visibilité est le plus souvent excellente, et c'est tant mieux car le panorama du contrefort des Alpes qui sert de décor naturel à cette région est superbe, surtout lorsque les sommets sont enneigés, ce qui est le cas une grande partie de l'année.

Plus tout à fait la Provence, déjà un peu l'Italie, la Côte d'Azur du côté de Villefranche (*ci-dessus*) et du cap Ferrat (*page de gauche*).

En réalité, c'est l'un des avantages de la Côte d'Azur que de proposer, à moins d'une heure du littoral, un ensemble de sites culturels et de loisirs de première qualité. Au printemps, il est par exemple possible de skier le matin et de faire de la voile l'après-midi, d'aller à un concert le soir avant de finir la nuit dans une discothèque ou au casino.

Bien sûr, on peut envisager de ne profiter que de la mer. En partant de la pittoresque cité lacustre de Port-Grimaud, nichée au fond du golfe de Saint-Tropez, on pourra, par exemple, aller mouiller du côté de la plage de Pampelonne ou faire une plongée sur le vertigineux tombant situé au pied de la tourelle de la Moutte. Il sera alors temps de naviguer un peu pour aller passer la nuit dans le port de Santa-Lucia, à Saint-Raphaël, s'installer au mouillage dans la profonde rade d'Agay ou, mieux encore, sous les falaises rougeoyantes du cap Dramont. Le lendemain pourrait vous retrouver en train de barboter du côté de Théoule, au pied du massif de l'Estérel, et le soir mouillé entre les îles de Lérins. Celles-ci sont évidemment très courues car elles constituent la destination naturelle des nombreux ports environnants : Cannes,

Très active depuis l'origine du yachting avec les rassemblements de canots de Monaco, (*ci-dessus*) et les régates de Cannes, la Côte d'Azur d'aujourd'hui continue à vivre tard dans la nuit (*page de droite*).

La Napoule, Golfe-Juan et Antibes. Il faut donc s'arranger pour y aller hors saison, au printemps de préférence, quand les deux îles sœurs sont en fleurs. Là, mouillé au-dessus des fonds turquoises, entouré des pins maritimes, on a tout le temps de profiter d'une promenade vers le fort de Sainte-Marguerite, de manger un morceau au bon soleil d'une terrasse, de s'approcher en douceur du monastère de Saint-Honorat où les moines cultivent tranquillement la vigne et la lavande. Cannes constitue une escale beaucoup plus agréable que sa réputation de ville encombrée ne le laisserait penser. Il ne faudra pas manquer de monter dîner le soir dans l'un des restaurants de la rue du Suquet ou se laisser aller à des emplettes dans les boutiques de la rue d'Antibes, voire de ramener des légumes et des fruits frais achetés au marché couvert qui est à deux minutes du port. Les festoyeurs ont également ici, comme partout ailleurs sur la Côte d'Azur, tous les casinos, restaurants et discothèques du monde à portée de main.

Les amateurs de régate apprécient surtout le doux climat de Cannes et ses vents civilisés. Ils s'y rassemblent depuis des lustres à la fin de l'été pour les traditionnelles Régates royales qui peuplent la baie de gréements élégants. La ville et le bruit sont devenus insupportables ? C'est le moment de larguer les amarres en direction du cap d'Antibes. Voilà encore une autre facette du triptyque luxe, calme et volupté conjugué par les grandioses villas qui se cachent au-dessus de la poignée de mouillages forains disponibles. Le sentier qui suit le bord de mer permet de grimper à Notre-Dame-de-la-Garoupe, site parfaitement tranquille situé au cœur d'une région bien agitée. À Antibes, il faudra arriver le matin, pour profiter de la vieille ville bien sûr, mais surtout de l'un des plus beaux marchés de toute la région qui a l'avantage d'être situé à deux pas du musée Picasso. L'entrée dans le port, qui oblige à passer sous l'étrave des grands yachts amarrés au « quai des milliardaires », est un peu intimidante, frustrante pour certains, effarante pour d'autres, toujours surprenante, mais dans ce domaine, la Côte d'Azur possède quelques jolis nids. Le port Canto de Cannes en est un, Beaulieu, le port Camille-Rayon à Golfe-Juan ou Fontvieille, logé au pied du célèbre rocher,

de Monaco ne sont pas mal non plus... D'une manière générale, sur la Côte d'Azur, il ne faudra pas avoir peur de se retrouver à côté d'un yacht plus grand que le sien car cette région maritime est, avec la Floride et la Californie, l'endroit au monde où se nichent la plus forte densité des extravagances marines qu'il est convenu d'appeler les super-yachts. Les amateurs de belles carènes ou de canot motonautique s'arrangeront pour passer en principauté, durant la troisième semaine de septembre, afin de se régaler des délicieux canots pétaradants de la Monaco Classic Week. Cette manifestation perpétue ce qui était, au début du siècle, le rassemblement incontournable des techniques les plus modernes : hydravions hésitants, voitures extraordinaires (c'est toujours le cas de nos jours) et bateaux fous taillés pour s'approprier ce qui était le must de l'époque : le record du mille lancé.

Hors saison, la Côte d'Azur sait se faire plus intime, plus personnelle, plus accessible. Le vieux port de Nice, par exemple, est une bonne surprise, un port à taille humaine, à la fois exotique et agréable, à deux pas d'un cœur de ville déjà coloré par des façades plus italiennes que provençales. Le vieux Nice a subi récemment un effort de rénovation considérable. Il en va de même pour le mouillage de Villefranche, certainement le plus abrité de toute cette portion de littoral qui permet d'aller flâner dans de délicieuses calades et placettes rénovées avec goût. Il y a encore le port de Menton, le dernier avant la frontière qui,

au-delà du cap Martin, frémit de l'exubérance des Italiens qui viennent y faire des emplettes et goûter à la gastronomie française. Il n'est donc pas difficile d'y débusquer un bon restaurant. Monaco vaut aussi le détour. En quelques marches, on se retrouve au cœur de la vieille ville qui est un endroit superbe – évidemment excellemment tenu – et sur le chemin du célèbre musée océanographique qui, planté sur son rocher, s'amuse à jouer les figures de proue de la principauté.

Il y a aussi ces journées en demi-saison, où la température est plus agréable que n'importe où ailleurs en Europe, lorsqu'il fait bon aller mouiller d'un côté ou de l'autre du cap Ferrat, au pied des magnifiques jardins de somptueuses villas dont on peut s'approcher par le sentier maritime. Le printemps commence là, dès le mois de février, lorsque les corniches se gorgent de mimosas en fleur. L'automne y finit plus tard qu'ailleurs, quand s'étirent les journées dorées à l'ombre des eucalyptus parfumés. Il sera alors temps de louer une voiture ou de prendre un taxi pour découvrir l'arrière-pays, aller flâner du côté de Saint-Paul-de-Vence ou dans l'un de ces surprenants villages perchés de la vallée de la Tinée et de la Vésubie. Ici, ce sera le côté « Alpes » plus que la tendance « maritime ». Cette région escarpée est le lieu propice à des randonnées aussi sportives qu'inoubliables ; les stations de ski de Valberg et Isola 2000 ne sont pas loin, et il y aura toujours dans le fond du paysage les reflets argentés de la grande bleue. En dépit de l'urbanisation galopante qui a fait de la Côte d'Azur une agglomération continue de Cannes à Menton, cette portion de littoral reste et restera toujours un endroit où il fait terriblement bon vivre.

Ci-dessus :
Façades colorées du quartier du vieux Nice.

Page de droite :
Le vieux port de Cannes surplombé par le pittoresque quartier du Suquet.

Ce qu'il faut savoir...

Quand y aller

Toute l'année, sauf en juillet et août. Une croisière d'hiver en février, lorsque les mimosas fleurissent les corniches, n'est pas dénuée de charme. Saint-Tropez affiche complet pendant le Grand Prix Offshore et la Nioulargue (première semaine d'octobre). Le port de Cannes est particulièrement encombré en mai (Festival) et septembre (Festival de la plaisance et Régates royales). Celui de Monaco lors du Grand Prix de Formule 1 (en mai) et pendant le Boat Show. Les coups de vent d'est qui rendent le littoral impraticable sont plus fréquents à l'automne.

Comment s'y rendre

• À la voile : les principaux ports de départ sont ceux du golfe de Saint-Tropez, Saint-Raphaël, Cannes, Antibes et Nice qui abritent de nombreuses sociétés de location.

• Par l'autoroute qui suit le littoral à distance, l'aéroport international de Nice, la voie ferrée qui suit la côte (parfois d'un peu trop près, il est vrai), il n'y a que l'embarras du choix.

À noter sur le livre de bord

• Zone météo : Est-Provence et Ligure. Répondeurs : 08 36 68 08 83 (rivages du Var) et 08 36 68 08 06 (rivages des Alpes-Maritimes).

• En saison, il n'est pas inutile de réserver sa place au port par VHF.

• Il faut se méfier des troncs d'arbres flottant après de fortes pluies, notamment à proximité des embouchures des rivières qui, en raison du relief, deviennent vite torrentueuses.

• Comme dans la plupart des ports méditerranéens, l'amarrage s'effectue arrière à quai, chaque poste étant équipée d'une « pendille » qui permet de récupérer le bout avant fixé sur la chaîne-mère tendue au fond du port.

• Les postes de fuel sont pris d'assaut à certaines heures, la taille moyenne des yachts présents dans cette région pouvant rendre l'attente exaspérante.

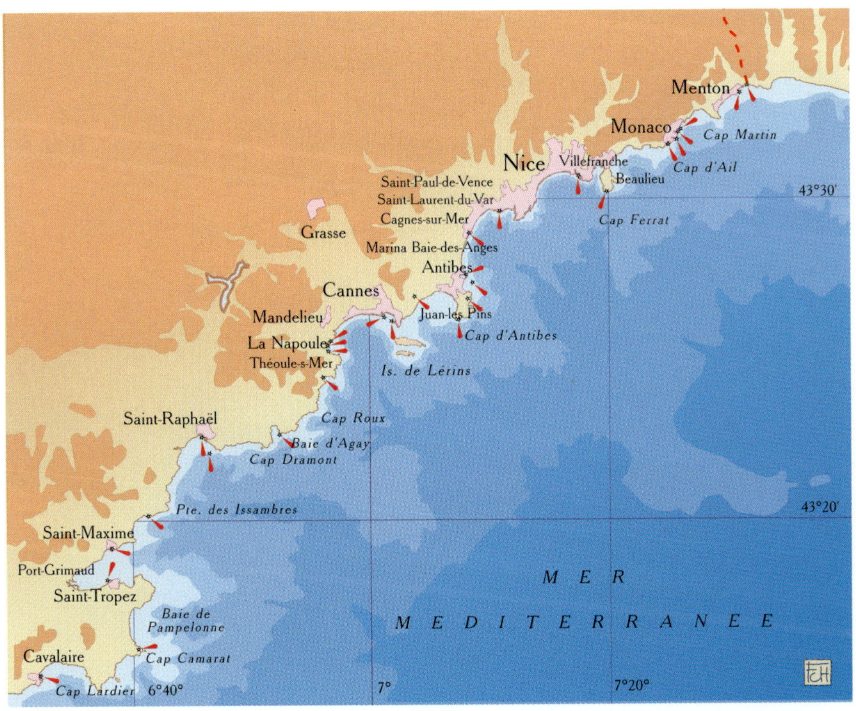

• Distances : Nice-Port-Cros : 56 milles ; Antibes-Saint-Tropez : 36 milles ; Monaco-Cannes : 20 milles.

Les escales incontournables

• Un mouillage au cap Dramont.
• Une promenade aux îles de Lérins.
• Un restaurant à Cannes dans le quartier du Suquet.
• Un mouillage au pied du cap Ferrat.
• Tomates, poivrons, aubergines et olives sur le marché d'Antibes.
• Le Musée océanographique de Monaco.
• Le vieux port de Nice et la rade de Villefranche.

La Corse

Le paradis naturel

La Corse est d'abord un parfum. Il survient parfois au milieu de la nuit, à l'heure où l'aube n'a pas encore fait apparaître l'île devant l'étrave, amené par un fond de brise de terre qui coule doucement à l'ouvert des vallées. Il porte en lui le pays tout entier : une lourde senteur de maquis, un délicat parfum sauvage, riche et léger à la fois, un rien impertinent, plein de personnalité. Véhiculé par le mistral, il peut venir jusqu'à 40 milles au large lorsque l'on arrive de Malte, de la Sicile ou des îles Éoliennes. Il joue aussi les comités d'accueil à la descente d'avion à Calvi (Haute-Corse) ou Figari (Corse-du-Sud) qui permettent d'aller larguer les amarres d'un bateau de location, sans préalable, pour flâner le long du désert des Agriates ou dans les bouches de Bonifacio.

La Corse est ainsi : surprenante, singulière, plurielle, originale, différente. Elle constitue surtout le plus fabuleux champ de croisière que l'on puisse imaginer. Elle est suffisamment grande pour proposer des paysages méditerranéens d'une sidérante beauté, une culture différente, une forte personnalité, le tout jamais éloigné de plus d'une journée de navigation, une heure d'avion ou une nuit de ferry du continent. Elle est suffisamment loin au large et dotée d'assez peu de grands ports, pour obliger ses courtisans à naviguer vraiment. Elle est assez variée pour être survolée en une semaine ou alors découverte en deux ou trois semaines de navigation estivale. Tous les rythmes de croisière y ont droit de cité. On peut y revenir d'une année à l'autre, les conditions climatiques feront qu'il restera toujours un mouillage à explorer. On peut en être fou amoureux et décider d'ignorer toutes les autres destinations du monde, ce sera également bien ainsi. On peut, enfin, se servir d'un bateau comme base avancée d'exploration permettant de mieux visiter l'intérieur des terres, escalader les cols, profiter des forêts, se baigner dans les rivières, aller déguster de la charcuterie corse dans un village reculé, niché au fond d'une vallée. Toutes choses qui ne sont jamais très éloignées en taxi ou en voiture de location.

Sauvage et pleine de personnalité, bordée de mouillages superbes comme la Marine d'Elbo (*page de gauche*) ou de sites uniques comme celui de Calvi (*ci-dessus*), la Corse est un authentique paradis pour la croisière.

Double page suivante : **Dans les entrailles du cap Roux.**

La Corse à la voile est un enchantement sans cesse renouvelé. Au printemps, elle peut être nerveuse, les vents dominants d'ouest-sud-ouest, qui ne sont que le prolongement du mistral, atteignent parfois des forces déraisonnables, mais l'intérieur des terres offre alors un paradis naturel tout en fleurs. Au début de l'été, c'est en général plus calme, les jours y sont interminables, l'eau est encore frisquette, les fonds marins sont toujours aussi beaux et les voisins de mouillage très rares. Juillet est idéal, quoique déjà un peu encombré. Vers le mois d'août, les orages sont plus fréquents et la surpopulation rend parfois les ports infréquentables. L'automne y a des couleurs incomparables, la chaleur y traîne en longueur, l'eau est accueillante mais les journées sont déjà plus courtes. Rien n'est parfait, mais les désagréments sont ici plus rares qu'ailleurs. Le nord et l'ouest sont rocailleux ; le sud se donne des airs de lagon tropical ; l'est constitue une route parfaite lorsqu'il s'agit de remonter vers le nord à l'abri des forts vents d'ouest.

Pour appréhender la Corse à la voile, on peut procéder de plusieurs façons. La première, la plus ambitieuse, consiste à faire de cette île le but d'un voyage maritime complet qui débute par une traversée depuis le continent, en butinant le temps nécessaire avant de revenir se poser sur la Côte d'Azur ou dans un port provençal. Arriver en Corse par la mer est une expérience unique qu'il faut avoir vécue au moins une fois dans sa vie de navigateur. La traversée représente un périple d'environ vingt-quatre heures sur une distance qui varie selon le port de départ et celui d'arrivée. Le trajet le plus court relie Menton à Calvi (92 milles) et 160 milles séparent le port d'Hyères de celui de Bonifacio.

De Centuri (*page de gauche*) à Bonifacio, les tours génoises (*ci-dessus*), accompagnent les voiliers qui naviguent tout autour de la Corse.

On arrive en général en fin de nuit, juste à temps pour apercevoir les derniers éclats du feu de la Giraglia (cap Corse), de la Revellata (Calvi), des Sanguinaires (Ajaccio) ou de Sénétose (Corse-du-Sud). Juste avant que l'aube ne souligne, dans une fantastique nuance de dégradés de bleus, la complexité du relief corse : tout en haut, les crêtes acérées des massifs alpins du centre, au milieu les sommets arrondis des montagnes du maquis, au pied, l'ouverture des vallées qui viennent mourir en douceur vers la mer.

Une autre façon de naviguer en Corse consiste à louer un bateau directement sur place, il y aura alors cinq grands sites possibles : Bastia et Calvi au nord, Ajaccio au centre, Bonifacio et Porto-Vecchio au sud. C'est là que l'on trouvera les loueurs les plus actifs, les ports les mieux équipés, l'avitaillement le plus facile ainsi que les aéroports et les terminaux de ferry assurant la liaison depuis le continent (Marseille, Toulon, Nice ou l'Italie).

Entre Bastia et Calvi, le cap Corse propose des paysages majestueux mais peu d'escales et de mouillages, si ce n'est le petit port de Centuri devant lequel on peut s'installer par beau temps. Ensuite, viennent Saint-Florent et son golfe, et là commencent véritablement les choses sérieuses. Il faut faire le trajet en direction de l'île Rousse pour profiter des mouillages du désert des Agriates, bordé par d'immenses plages de sable blanc, qui voit virer l'eau vers le bleu des lagons tropicaux. À Calvi, arrêt de rigueur, surtout si le libeccio souffle dans l'axe de la route. L'escale est superbe, les restaurants sont nombreux mais le mouillage parfois très encombré. Au-delà, en direction de Porto-Vecchio,

Entre charcuteries et fromages

Tournée à la fois vers la mer et vers les terres intérieures, la Corse gastronomique est aussi riche et variée que ses paysages. Avec pour origine des porcs croisés avec des sangliers qui vivent en liberté et se nourrissent dans les sous-bois des maquis, la charcuterie est particulièrement parfumée. On ne manquera pas de ramener à bord du lonzu (filet de porc fumé), le prisuttu (jambon fumé), la coppa (taillée dans la poitrine et entrelardée) ou les figatelli (saucisses de foie mi-sèches et fumées). Les fromages, souvent dotés d'un goût puissant, sont essentiellement de brebis comme le bastelicaccia (pâte molle et crémeuse), le sartenais (pâte dure) et le célèbre brocciu, la brousse, réalisée à partir du lait de chèvre, qui n'est pas à proprement parler un fromage mais accompagne plusieurs recettes traditionnelles. Côté vin, impossible de manquer le Patrimonio (AOC cultivé dans la région du cap) ou le Golo. La gastronomie corse cuisine volontiers le cabri mais aussi les poissons. Le chapon et les aubergines à la bonifacienne du restaurant la Stella d'Oro, à Bonifacio, sont absolument incontournables.

Cargèse et Ajaccio, la côte est absolument magnifique, mais si le régime d'ouest est appuyé, la plupart des mouillages deviennent inconfortables. Il faut donc pister le beau temps pour prendre le temps d'explorer tous les recoins du massif de la Scandola. Une expérience unique qui pousse tout droit vers la Girolata où l'on va forcément retrouver de nombreux bateaux au mouillage. Plus abrité, plus proche de la civilisation des vacances terrestres, le golfe d'Ajaccio permet de faire une parenthèse et de trouver un abri lorsque le vent exagère. Au-delà, attention à la Corse-du-Sud : la goûter, c'est l'adopter. L'adopter, c'est signer pour y revenir souvent, au détriment des autres grandes destinations mondiales. Elle est à la fois ventée et sauvage, préservée et très appréciée au point d'en devenir parfois infréquentable ; elle est douce en hiver et sociable en été. Une fois arrivé à Sénétose, on peut commencer à envisager la vie avec nettement plus de sérénité. Il est possible de passer plusieurs jours dans les entrailles de ce cap édenté ou dans les nombreuses calanques, baies, escales qui découpent la côte jusqu'à Bonifacio. L'entrée des bouches de Bonifacio est signalée par le phare des Moines, coin plutôt mal pavé. On peut néanmoins s'amuser à passer entre le phare et la côte, mais sans oublier que de nombreux bateaux y ont déjà laissé des morceaux de quille et quelques pales d'hélices. Ici, peu de constructions sur la côte. On peut mouiller dans des petites criques privatives, préférer les immenses plages de

sable blanc ou aller s'installer dans un restaurant pieds dans l'eau du côté de Tizzano. Les amateurs d'eaux turquoises auront une prédilection pour le mouillage du Lion de Rocapine dont la plage est, hélas, très fréquentée en raison de la proximité immédiate d'un camping. Quelques milles plus loin, la baie de Figari est également mal pavée et sillonnée les jours de grand vent par des dizaines de planches à voile. Par vent de sud-ouest, fréquent en été car il correspond au régime thermique, on poussera vers l'ouest et le port de Bonifacio – un cadre absolument unique – avant de se hâter lentement vers l'archipel des Lavezzi, puis vers les mouillages bien abrités des vents d'ouest en direction de Porto-Vecchio.

Et puis la Corse n'est pas un monde isolé, elle a ses satellites : des îles, le plus souvent italiennes comme Elbe ou l'archipel sarde. Elle est sur la route de toutes les navigations qui mettent cap à l'est : l'Italie, la Sicile, la Grèce ou plus loin encore. Certains inconditionnels vous le diront : la Corse est le vrai cœur de la Méditerranée, voire même le cœur du monde tout entier...

Des îles Lavezzi (*page de gauche*) aux falaises du cap Pertusato (*ci-dessus*), les bouches de Bonifacio sont en général bien ventées. À deux pas de l'archipel de la Madalena, elles constituent une destination à part entière.

Ce qu'il faut savoir...

Quand y aller

Comme partout en Méditerranée, on peut naviguer toute l'année en Corse qui bénéficie d'un climat plus que méridional. Le vent peut néanmoins y souffler très violemment, notamment aux extrémités nord et sud qui accélèrent les grands flux généraux. On y rencontre aussi des calmes durables et la période de transition entre ces deux régimes peut être inexistante. Bref, il faut rester méfiant et prendre régulièrement les bulletins météo. La côte ouest est la mieux ventilée, mais les vent venus du large ou la houle résiduelle du mistral rendent parfois les mouillages inaccessibles. La meilleure saison s'étend de mai à septembre avec notamment de longues périodes de grand beau temps de la mi-juin à fin juillet, au moment où les journées sont les plus longues. L'encombrement maximum des ports peut devenir désagréable entre le 15 juillet et le 20 août, notamment lorsqu'un vent fort rend les mouillages forains impraticables. La côte est est beaucoup moins ventée et permet éventuellement de circuler dans le sens nord-sud à l'abri des coups de vent d'ouest.

Comment s'y rendre

• À la voile : la traversée la plus courte depuis le continent s'effectue à partir d'Antibes (100 milles) mais n'est guère plus longue depuis Saint-Tropez ou Hyères. Il faut compter vingt-quatre heures pour un bateau capable de naviguer à environ 6 nœuds de moyenne. De très nombreux loueurs sont implantés en Corse dans diverses bases de départ. Ceux basés sur le continent proposent parfois des *one way* continent-Corse ou entre différents ports de Corse.

• En ferry : départs quotidiens depuis Marseille, Toulon, Nice ou Gênes. Liaisons rapides par NGV (3 h par beau temps) au départ de Nice et en direction de Bastia ou l'île Rousse.

• En avion : de nombreuses compagnies françaises et étrangères desservent les aéroports d'Ajaccio (côte ouest), Bastia (côte est), Figari (sud) ou Calvi (nord-ouest) avec une fréquence accrue en période de vacances et en été.

À noter sur le livre de bord

• Zone météo : Ouest-Corse et Est-Corse.

• Le libeccio qui souffle du sud-ouest est le prolongement du mistral autour d'une dépression centrée sur le golfe de Gênes et peut atteindre force 9. Le sirocco souffle du sud-est à l'approche d'une dépression venant d'Espagne ou d'un front qui traverse l'ensemble du bassin. Il s'accompagne d'un temps gris et doux.

• Il existe plusieurs parcs sous-marins où la chasse sous-marine est interdite, notamment à proximité de l'archipel des Lavezzi.

Les escales incontournables

• Le port de Centuri, au cap Corse.

• La plage de Saleccia, au pied du désert des Agriates par beau temps.

• Calvi, une visite à la citadelle.

• Le mouillage de Marine d'Elbo, sur la côte ouest.

• Une escapade au col de Vizzavone, en voiture ou en scooter de location quand le mistral souffle trop fort dans les bouches de Bonifacio.

• Tizzano, à l'entrée des bouches de Bonifacio.

• Le mouillage de la pointe Sperone sur la côte sud-est.

• L'archipel des Lavezzi, de préférence hors saison.

Page de droite :

À l'abri des rafales du libeccio derrière le cap de la Revellata, près de Calvi.

La Sardaigne et les îles italiennes

Les jardins de la voile

Entre les yachts de luxe qui sillonnent les parages de Porto Cervo (*page de gauche*) et les techniques de pêche séculaires, les îles italiennes sont de véritables invitations au voyage.

Bienvenue au pays de la mer, le spectacle est dans la salle ! En Italie, il est indispensable de prendre le temps de se poser dans un coin de port et d'observer : un pêcheur qui recoud ses filets, un autre qui attendrit un poulpe à grands coups de lattes, un *marinaïo* qui astique les cuivres d'un grand yacht, une famille milliardaire qui prend du bon temps à l'avant d'un super-yacht, lui en peignoir de bain, elle dans un maillot brésilien à se rouler par terre, mais avec – quand même ! – du linge qui sèche sur un fil tendu entre le mât et l'étrave. Une vraie pièce de théâtre. Il faut avoir découvert, du côté du canal de Sicile, ces incroyables bateaux de pêche au thon pour comprendre que la science des marins d'Italie remonte à la nuit de temps. Il faut avoir pris le temps de flâner sur les placettes, le soir, pour mieux saisir comment ce peuple parfois déroutant arrive à vivre en parfaite symbiose sur une île minuscule du côté de Pantelleria ou dans la verdoyante île d'Elbe. Il y a là une vespa, un triporteur, deux ou trois belles filles arrangées comme si elles allaient gravir les marches d'un palais, deux fois plus de garçons empressés autour d'elles, des éclats de rire et du bonheur. Et dans un coin, un bougainvillée merveilleux qui fait semblant de ne servir à rien. Et ça papote, et ça rit, et ça se dispute. Il faut avoir vu débarquer ces hordes d'Italiens en vacances sur les plages de l'archipel sarde, à bord de leur *gomone* familial, pour réaliser comment ce peuple-là, du *bambino* à la grand-mère, est heureux d'être sur la mer. Il faut avoir assisté à ces rassemblements de grands yachts du côté de la Costa Smeralda pour déceler que, même tout en haut de l'échelle sociale, la mer et le bateau font partie de la culture et du mode de vie italiens. Il faut s'être retrouvé bloqué dans le port de Capri par trois ou quatre rangées de bateaux à couple pour rendre horripilant ce peuple aussi bruyant que sans gêne. Il faut être passé aux côtés du Stromboli, dans la baie de Naples, ou au pied de l'Etna pour prendre la mesure de la grandeur tellurique et maritime dans laquelle s'est tissée l'histoire romaine. Il faut avoir vu ces chantiers de barques latines du côté de l'île de la Maddalena pour découvrir, dans les gestes mesurés des charpentiers, l'origine de la tradition qui permet aux Italiens d'être aujourd'hui les maîtres incontestés du style dans le monde huppé des grands yachts de luxe.

Des conquêtes romaines aux expéditions vénitiennes, des tours génoises aux légendes des bandits sardes, l'histoire de la botte italienne s'est faite par et pour la *mare nostrum.* Présente dans l'art, la culture, le sport, l'économie, les rapports sociaux, la gastronomie, la mer est, en Italie, une complice, une mère, une sœur, de toute façon une femme, rarement une ennemie. À la différence d'autres pays, dans lesquels les îles et les ports ne sont que les terminaux d'une activité centrale située ailleurs dans les terres, l'Italie est tout entière contenue dans les nombreuses îles

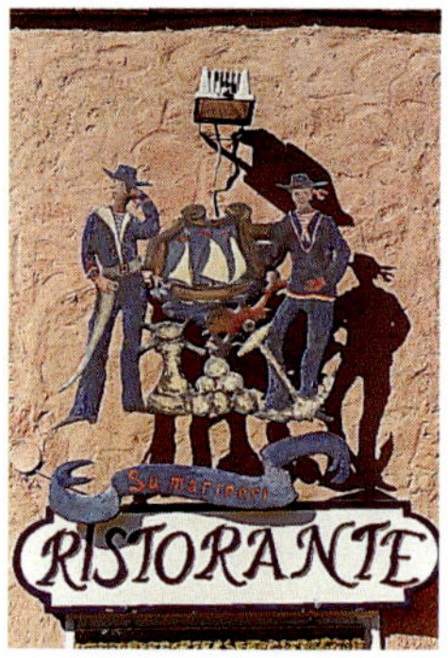

qui entourent sa botte originelle. Son histoire surtout.

La Sardaigne est un bon condensé de cette diversité et notamment l'archipel de la Maddalena, idéal à butiner en complément d'une croisière en Corse. Le dédale situé au sud-est des bouches de Bonifacio regorge de mouillages bien abrités, d'eaux turquoises, de canaux et de bras de mer entourés d'un beau littoral granitique dans lesquels on peut toujours naviguer, même lorsque les vents d'ouest soufflent fort. Ce qui était auparavant un désert est devenu l'un des grands centres internationaux du yachting depuis que l'Agha Khan y a créé de toutes pièces, voilà trente ans, un paradis de vacances pour clientèle fortunée. La jet-set internationale s'y retrouve chaque été, de même que les yachts de tradition, les maxi-yachts, les prototypes de course de la Sardinia Cup ou les célèbres Swan, construits par le chantier finlandais Nautor. La Costa Smeralda, dont le centre névralgique est la marina de Porto Cervo, n'est pas toute l'Italie, encore moins toute la Sardaigne, mais elle en est la partie la plus voyante, la plus exubérante, la plus esthétiquement

réussie, grâce à l'extraordinaire architecture des villas luxueuses parfaitement intégrée au maquis environnant. Le port lui-même n'est pas l'un des plus exotiques, il est très cher, mais il est remarquablement équipé et entretenu. Les criques et les baies alentour sont autant de havres magnifiques où l'on aura la chance de rencontrer quelques-uns des plus beaux bateaux du monde. Le littoral sarde a bien d'autres atouts, moins connus, comme sa côte ouest qui recèle des centres d'intérêts plus espacés, mais certainement plus authentiques : Alghero, le golfe d'Oristano ou l'île San Antioco.

La traversée vers la Sicile s'entreprendra en deux ou trois jours, ce qui constitue déjà une bonne séance de navigation, elle peut s'effectuer entièrement au moteur à la belle saison. L'atterrissage dans les îles, qui se trouvent à l'ouest de la Sicile, se fait en douceur car il y règne une ambiance délicieuse. La plus grande et la plus verte, Ustica, traîne une histoire chargée, faite de massacres et de pirates, mais l'archipel envoûtant des Aegades, composé de Maretimo, Levanzo et Favignana, n'est pas en reste dans ce domaine. Une seule constante : on a l'impression d'être à la fois loin de tout et de toucher du doigt la Méditerranée éternelle.

Une centaine de milles plus loin, au sud de la mer Tyrrhénienne, l'archipel des sept îles Lipari (ou îles Éoliennes) constitue une escale encore différente et pleine de personnalité. Les vrais ports y sont rares, les mouillages précaires, ce qui accentue peut-être encore le charme ambiant et dresse un rempart contre toute invasion plaisancière de masse. Le relief n'est que volcanique et rien n'est vraiment figé dans cette partie de la Méditerranée enserrée par trois volcans majeurs toujours en activité : l'Etna, que l'on peut visiter en faisant escale sur la côte sicilienne à Milazzo ; le Stromboli qu'une activité très visible la nuit a permis de surnommer « le plus vieux phare de Méditerranée » ; le Vésuve qui domine la baie de Naples.

Exotiques et ancestrales, les îles italiennes conjuguent à l'infini l'art du savoir-vivre.

Puis viendra, un peu plus au nord, l'île de Capri, toujours aussi magique et envoûtante en dépit de sa fréquentation touristique. Capri fait partie, comme Ibiza, Saint-Tropez ou Santorin, de ces lieux magiques qui ne perdent rien de leur charme au beau milieu de leur succès. En

Plus au nord encore, l'île de Ventotene, bien que peu connue, est une escale étonnante. Les romains creusèrent un port à même la roche, Néron y consigna une partie de sa famille devenue indésirable. Les habitants ont des visages rêches qui laissent à penser que certains bagnards de l'île voisine de San Stefano ont réussi à s'enfuir pour s'installer là. Plus loin encore, ce sera Giglio la verte, puis Elbe et son Portoferraio organisé comme un immense forum dont le centre serait ce gigantesque port dans lequel se croisent ferries, navettes, pêcheurs et plaisanciers. Avec ses 120 kilomètres de trait de côte découpé et de plages adorables, Elbe qui n'est qu'à 30 milles de Bastia pourrait bien être à la fois la plus agréable et la plus proche des îles italiennes. Mais devant le nombre, comment juger ?

cas de saturation, ce qui est forcément le cas au gros de l'été, on peut toutefois s'échapper en filant plus au nord en direction de Naples, non pas la ville, mais vers ses îles Procida et Ischia. La remontée le long de la botte se poursuit du côté des laves solidifiées des îles Pontines qui déclinent des teintes pastel extraordinaires et assez rares dans un environnement maritime. Et toujours cette formidable qualité de vie à l'italienne qui permet d'essayer une nouvelle recette de pâtes, une nouvelle forme d'*insalata di mare* en jouissant du parfum d'un genévrier ou d'un coucher de soleil sur l'eau immobile.

Ce qu'il faut savoir...

Quand y aller

Comme partout en Méditerranée, on peut naviguer dans les îles italiennes toute l'année, mais les coups de vent sont plus nombreux et plus forts entre octobre et avril. L'été est chaud, généralement peu venté, sauf à proximité des caps et des reliefs. Une fois de plus, mai, juin et septembre seront les mois les plus favorables, juillet et août étant à la fois très chauds, moins ventés et plus fréquentés. Les bulletins météo sont en général de grande qualité, en dépit de la diversité des régions couvertes et des fortes influences locales, et sérieusement émis.

Comment s'y rendre

La densité des liaisons routières, aériennes, ferroviaires ou maritimes avec l'Italie permet n'importe quelle base de départ. D'un point de vue nautique, les ports les plus actifs, où sont basées les flottes de location, sont Lavagna (golfe de Gênes), Anzio, Gaëte (pour les Pontines et les Éoliennes). En location, une bonne formule consiste à partir et revenir d'une base située au sud de la Corse. Un trajet classique serait : Hyères, Bonifacio, Porto Cervo, Ustica, éventuellement les îles Aegades en face de Palerme, l'archipel des Lipari, Capri, les îles Pontines, Giglio, Elbe et retour par le cap Corse. Une très belle croisière d'été.

À noter sur le livre de bord

- Monnaie : la lire (100 lires = +/- 3,40 FF).
- Durée du jour : 15 h 30 en juin ; 9 h 30 en hiver.
- Les distances : Bonifacio-Ustica : 220 milles ; Ustica-Lipari : 80 milles ; Bonifacio-Lipari : 290 milles ; cap Corse-Messine : 380 milles ; Messine-Capri : 160 milles.
- Les îles Pontines reçoivent en italien l'appellation « îles dans le courant » en raison de la circulation hydrologique qui est à l'origine de leurs eaux cristallines.
- Il est utile de faire le plein de fuel et d'eau dès que l'occasion s'en présente : le vent est parfois absent pendant longtemps en mer Tyrrhénienne.

Les escales incontournables

- Le mouillage de Tahiti, au sud de l'île Caprera, avant ou après le passage des promène-touristes.
- Le rassemblement annuel des voiles latines à la Maddalena.
- Porto Cervo pendant la Maxi Cup, on y voit du beau linge.
- L'archipel des Aegades, pour regarder la Méditerranée au fond des yeux.
- Les flottilles de pêcheurs d'espadon à Scilla (détroit de Messine).
- Capri, hors saison si possible. Elle retrouve son calme le soir de toute façon.
- Ventotene, c'est magique.
- Ponza, forcément.
- Elbe, sur la route du retour, pour ne pas revenir trop brutalement vers la civilisation.

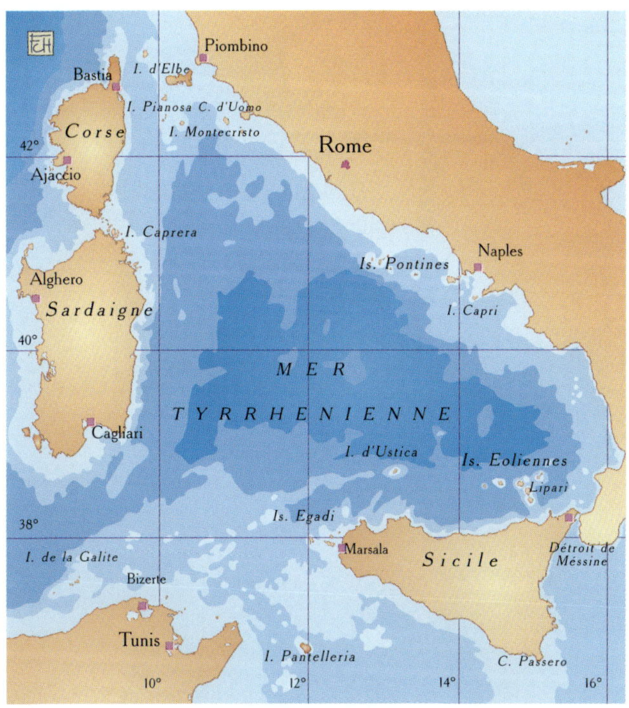

33
JARAGUA

Les Baléares

Sous le soleil exactement

Soleil écrasant et grandeur maritime passée, les Baléares constituent une destination de croisière très dépaysante, au cœur de la Méditerranée.

Minorque est un secret assez bien gardé. Il suffit de grimper de quelques mètres sur les rochers, de prendre de la hauteur et de s'asseoir un moment. Dans le soleil qui fait briller la mer, la cala Ayada serpente comme un fjord norvégien. À droite, la terrasse blanchie à la chaux attend un improbable visiteur. À ses pieds, quatre barques amarrées à un ponton respirent au rythme des risées qui glissent doucement sur l'eau. Au loin, un ketch remonte en avant lente au moteur. Ailleurs, la cala Moli. Une maison, qui a dû être autrefois blanchie elle aussi, s'appuie contre le rocher. Ses tuiles roses et ses fondations qui touchent l'eau attestent une certaine humidité. Un grand pin et un dattier se serrent pour donner de l'ombre à la terrasse. Un plan incliné avec une remorque, trois marches en bois, un mur de pierre sèche, une barque qui attend. C'est tout. Plus loin encore, le phare de la pointe Favatrix. Là, rien que du rocher, une maisonnette pour les gardiens, une cabane en bois qui doit bien abriter un pêcheur de temps à autre. Rien. Le silence, la mer à perte de vue. On pourrait être du côté de la Bretagne nord, sauf qu'ici l'eau et le ciel sont parfaitement bleus et d'une température terriblement fréquentable. Ailleurs encore, Mahon. Les maisons s'y blottissent autour des bateaux. Les barques blanches attrapent le soleil de fin d'après-midi et se sentent parfaitement protégées dans cet abri naturel extraordinaire. 3 milles de long, des fonds de 20 à 30 mètres, quelques îles au milieu, difficile de trouver mieux pour faire le dos rond sous les rafales du maestral qui termine ici sa course effrénée. Au bout de la route qui monte entre les palmiers, les ruelles écrasées de soleil du quartier piétonnier n'entendent voler que les mouches. Ce n'est pas encore le soir, c'est seulement la *tarde*, l'heure où la chaleur impose de rester au frais pour y

mener à bien une auguste sieste. Pas encore de tapas sur les comptoirs des bodegas, pas encore l'agitation trépidante qui met le feu aux interminables nuits espagnoles. Exactement à l'autre bout de l'île, Ciudadella est une joyeuse pagaille. Jolie, bien ancrée dans le passé avec ses remparts et sa cathédrale gothique, mais pagaille quand même. En été du moins. Hors saison, Ciudadella, comme Mahon, Minorque, Majorque et toutes les Baléares, sont à la disposition de ceux qui veulent bien se donner la peine d'y naviguer en paix. Du reste, il est un signe qui ne trompe pas : les bateaux battant pavillon anglais – un peuple qui sait voyager – sont nombreux à hiverner dans ces parages-là.

Nous autres Français ne donnons pas à cet archipel toute la considération qu'il mérite. Plutôt que de tourner nos étraves vers l'est en imaginant que les hordes de touristes venues du nord de l'Europe ont fait des trois îles majeures un champ de vacances dénué de charme, nous ferions mieux de prendre le temps de traverser le golfe du Lion en deux ou trois journées de mer bien remplies (210 milles depuis Porquerolles) pour aller décliner dans tous les sens possibles le terme – incontournable aux Baléares – de *cala*. Physiquement, la cala est un concept assez simple. Les Baléares, hormis le gros paquet de pierres que représente Majorque, sont des îles tabulaires qui possèdent une multitude d'anfractuosités suffisamment longues pour abriter plusieurs bateaux de croisière au mouillage. Selon l'orientation, le vent descend de la colline en apportant un air chaud et parfumé. L'eau est alors parfaitement calme, fraîche en été, douce à l'automne. Le mouillage idéal. Si le vent décide de changer de sens ou de se lever en reprenant la cala à rebrousse-poil, alors les bateaux tournent, le clapot rentre, l'air est frisquet puisqu'il vient de la mer. Il sera donc grand temps d'aller voir ailleurs, dans une autre cala. Et voilà comment s'enclenche le rythme infernal d'une croisière aux Baléares. À partir de Mahon, la plus vaste des calas, on les épluche une à une : Fornells, Alcaufa, Binibeca, Binisafulla, Porter, Macarella et bien d'autres. Comme il y en a soixante, que Minorque a globalement la forme d'un haricot long d'une trentaine de milles orienté dans le sens est-ouest, la tâche a une certaine ampleur qui risque de s'étaler sur plusieurs années. Il y en aura toujours une adaptée à l'humeur du jour et abritée du vent – qui peut être fort et se lever brutalement ici comme ailleurs en Méditerranée – et de la houle. Minorque est donc à elle seule une parfaite destination de croisière, d'autant plus que ses terres intérieures se donnent des petits airs verdoyants au printemps et à l'automne pour mieux se couvrir de fleurs par la suite.

À 30 milles de là, Majorque est différente. Plus grande, plus haute, plus inaccessible parfois comme du côté des hautes falaises du cap Formentor. Palma, c'est clair, n'a que peu d'intérêt. Sauf si l'on souhaite y disputer, début août, la célèbre Copa del Rey qui rassemble tout le gotha du yachting international, y compris plusieurs membres de la famille royale espagnole. Ou alors, c'est que l'on a décidé d'y faire une escale technique, ce qui est relativement incontournable puisque c'est là que se trouvent l'aéroport, les terminaux des ferries, les flottes de voiliers de location, ainsi qu'un bel ensemble de marinas parfaitement équipées dont la plus agréable est celle du Real Club Nautico. Bien sûr, l'île, sur laquelle les moulins à vent ont été transformés en boîtes de nuit, affiche quelques plages où le béton a poussé plus vite que la conscience qu'il gâchait tout. Mais Majorque est suffisamment étendue pour que tout ne soit pas perdu. La côte ouest se révèle aussi haute qu'inaccessible, c'est un fait entendu. En revanche, la côte est recèle toujours quelques petits trésors comme la baie de Pollensa, tout au nord, qui peut servir de point d'arrêt à la traversée depuis Minorque. Il y a aussi le minuscule mouillage d'Es Calo, près du cap Farrutx, ou la série de calas qui

Aux Baléares, les côtes escarpées sont entrecoupées de calas abritées du vent et du clapot qui forment des abris parfaits pour les bateaux de plaisance. Malheureusement, cela se sait...

découpe toute la côte sud-est jusqu'à l'archipel de Cabrera. Ces mouillages peuvent être très agréables lorsqu'on a la chance d'y relâcher hors saison, et franchement désespérant au cœur de l'été lorsque jet-ski, disco et autres voisins de mouillage pétaradants ont décidé de rendre le séjour irritant. À Cabrera, en tout cas, ce ne sera plus du tout la même histoire. Encore faut-il faire partie des élus qui auront reçu l'autorisation d'aller mouiller sur bouée, dans ce parc naturel, fondé en 1991, dans lequel tout est à peu près interdit (y compris de nourrir les poissons), autorisation accordée au compte-gouttes après demande écrite auprès du ministère de l'Agriculture. On peut y rester seulement une nuit en juillet-août, deux en juin et septembre, sept en dehors de ces dates. Majorque, donc, demande à ce que l'on épluche les cartes. Ibiza, la célèbre, l'indolente, la festoyante s'est langoureusement placée, avec son annexe de charme Formentera, dans le registre météorologique de l'Espagne profonde. Chaleur, manque de vent, paysages arides y sont en plus grande proportion que dans les deux grandes îles de l'est. À terre, en saison, c'est la foire d'empoigne. Soixante-douze mille habitants en hiver, près du double en été. Il y a là trois vrais ports et des centaines de mouillages, ce qui laisse pas mal de latitude, bien que nombre des magiques calas d'Ibiza soient aujourd'hui flanquées de constructions sans âme qui ne bénéficient pas de la moindre tentative d'intégration au paysage. L'intérieur des terres, lui, arrive néanmoins à conserver son caractère. Bref, il faut, là encore, un peu de constance pour arriver à trouver son bonheur, scruter les cartes pour tenter de trouver son recoin personnel, et tenter sa chance. Aux Baléares, le plaisir de la croisière est à ce prix, mais il existe...

L'été, ce sont les brises thermiques qui rythment la navigation entre les différentes îles.

Ce qu'il faut savoir...

Quand y aller

Comme partout en Méditerranée, mai, juin et septembre sont les mois les plus propices car ils combinent nature en pleine floraison, température modérée et fréquentation acceptable. L'été est soumis à un régime de brise, tandis que l'automne, l'hiver et le printemps sont plus sujets au passage des perturbations. Celles qui passent sur la France se finissent en général par le déclenchement du mistral qui atteint facilement Minorque, pousse plus rarement jusqu'à Majorque où il souffle avec une composante franchement nord. Lorsque le centre des dépressions passe au sud de l'Espagne, le temps est humide et couvert avec des vents d'est ou du sirocco qui fait voyager vers le nord le sable des déserts nord-africains.

Comment s'y rendre

• À la voile : la traversée du golfe de Gascogne, que l'on choisisse de couper directement depuis Toulon, Marseille, la baie d'Aigues-Mortes ou que l'on préfère suivre la côte languedocienne jusqu'au cap de Creus, ne doit être entreprise que lorsqu'il n'y a aucun avis de tramontane ou de mistral. À l'aller, le vent serait plutôt portant, mais au retour, lutter contre les bourrasques du maître vent au près rend tout effort dans ce sens inutile. Lorsqu'il souffle en tempête, le golfe du Lion devient un endroit carrément dangereux où la mer est brutale, escarpée et désordonnée. L'été, il est nécessaire d'avoir une bonne réserve en fuel car on peut avoir à effectuer la totalité du trajet au moteur. Une fois sur place, les régimes de brise sont prédominants.

• En avion : toute l'année, Air France, Iberia et de nombreuses compagnies de charter assurent des vols pour Majorque, avec une fréquence accrue en période de vacances.

• En ferry : on peut également se rendre jusqu'à Barcelone (éventuellement Valence) en voiture ou en train (ou même en autocar) et prendre un ferry pour Minorque ou Majorque mais il existe également des liaisons depuis Sète en été. Réservation indispensable si l'on envisage de passer une voiture, et encore plus s'il y a derrière une remorque à bateau.

À noter sur le livre de bord

• Monnaie : la peseta (100 pesetas = +/- 3,95 FF).

• Les distances : Marseille-Minorque : 200 milles ; Porquerolles-Minorque : 210 milles ; cap de Creus-Minorque : 140 milles ; Barcelone-Majorque (cap Formentor) : 100 milles ; Minorque (port de Mahon)-Majorque (port de Colom) : 60 milles ; Palma-Ibiza : 70 milles.

• Les *vendavales* sont des vents de direction sud-ouest qui soufflent dans les couloirs créés entre les îles.

• Les *llevantades* sont des vents de nord-est généralement froids qui soufflent le long de la côte espagnole.

Les escales incontournables

• Ciudadella, sur la côte est de Minorque.

• La calanque de Fornells.

• Les tapas en entrée, puis le poisson dans tous ses états et évidemment la paella.

• Le ragoût de langouste, plus spécialement en vigueur à Minorque, à la cala de Fornells en particulier.

• Les *pa amb oli* (pain et huile) qui se dégustent à toute heure de la journée ou l'*hijono de mar* (fenouil marin) ; le *vino tinto* qui va du rouge léger au franchement sirupeux.

La Croatie

L'archipel du renouveau

En pleine reconstruction, Dubrovnik ne tardera pas à retrouver son cachet d'avant-guerre (*page de gauche*). À son image, l'ensemble du littoral croate, l'un des plus exotiques de Méditerranée, travaille à sa normalisation.

Après la guerre, la côte dalmate repart plus que jamais à la conquête des amateurs de belles croisières. À ceux qui pourraient penser qu'il est peut-être encore un peu tôt pour aller là où des drames viennent de se dérouler, les Croates opposent leur immense désir de normalisation. Ils multiplient les investissements et les efforts : nouvelles marinas, flottes récentes de bateaux de location, régates de haut niveau, tout est fait pour promouvoir le littoral et ses nombreux attraits tout en sauvegardant l'aspect pittoresque des sites. La côte dalmate bénéficie d'un climat doux et agréable, dans un environnement historique omniprésent, non seulement des vestiges romains, mais surtout une influence vénitienne marquée. Les côtes sont généralement accores, les eaux claires et chaudes en été, les courants faibles voire inexistants, et la nature a gratifié cette portion de côte, surnommée « les mille îles », d'une extraordinaire variété de paysages. Falaises, gorges, chutes d'eau, îles verdoyantes, pinèdes brûlantes en été où les cigales donnent d'extraordinaires concerts, criques, chenaux tortueux et rivières se succèdent sur plus de 200 milles. Il existe des sites réellement extraordinaires comme la ville de Dubrovnik, extrémité orientale de ce champ de croisière.

Les guides répertorient quelque trois mille noms de ports, baies, rades ou mouillages, ce qui donne une bonne idée de la richesse de ce plan d'eau, loin d'être aussi fréquenté que ceux de France, Espagne, Italie ou Grèce. Le vent est tour à tour inexistant, faible ou modéré , carrément très fort lorsque souffle la bora (nord-nord-est) ou le maestral (ouest-sud-ouest). Mais la multiplicité et la proximité des îles permettent de naviguer en permanence en eaux abritées, ce qui favorise les programmes de croisière bâtis sur des sauts de puce journaliers. Les amateurs de mouillages déserts, comme ceux qui préfèrent passer la nuit amarrés à un quai, seront comblés. On a donc là tous les ingrédients de la croisière parfaite.

Généralement, on part du nord du pays pour descendre vers le sud. La base de départ

la plus courante est la ville de Pula, située dans une rade très protégée. L'autre possibilité s'appelle Zadar, cité historique au charme discret, au cœur de la région la plus pittoresque de Dalmatie. Zadar permet de lambiner à la recherche d'un mouillage sauvage dans l'archipel aride des Kornati, qui se donne des airs de Cyclades, tout en se rapprochant de l'incontournable escale de Sibenik. Ce village, typiquement méditerranéen avec ses petites maisons aux tuiles romaines, est blotti dans une suite de gorges. Au-delà, on peut remonter le cours de la rivière KrKa, dans un décor tour à tour aride ou boisé, jusqu'à la marina de Skradin. Là encore, découverte étonnante avec des chutes d'eau d'une hauteur de 36 mètres. En remettant le cap vers le sud, on choisira le côté continent aux rives verdoyantes ou bien les îles plus sauvages et émaillées de petits villages qui sont autant de ports de pêche tranquilles. L'itinéraire devra de toute façon passer par l'île de Korcula et l'étonnante cité indissociable de Marco Polo, on dit qu'il y serait né mais il a plus probablement été fait prisonnier du temps des Vénitiens.

La multiplicité des îles permet de naviguer le long du littoral croate en eaux abritées.

Page de droite :
La petite ville de Korcula, escale privilégiée dans la partie sud de l'archipel dalmate.

Autre zone de navigation, la ville de Split qui abrite le palais de l'empereur Dioclétien. À portée d'étrave, la côte nord de l'île de Brac se décline en une poignée d'escales adorables : Pojvla, au fond d'une calanque, Pucisée et ses maisons en marbre du XVIe siècle, Milna et son église byzantine. Plus loin, sur l'île de Hvar, la citadelle arbore deux tours marquées aux lions de saint Marc qui surplombent une place de marbre blanc. Puis il y aura Trogir, véritable ville-musée qui garde les traces des civilisations grecque, romaine, sarrasine et vénitienne qui ont toutes un jour régné sur la Méditerranée. Telle est la Croatie, pays aux merveilles intactes, dotée par la nature d'un littoral taillé sur mesure pour la croisière.

Ce qu'il faut savoir...

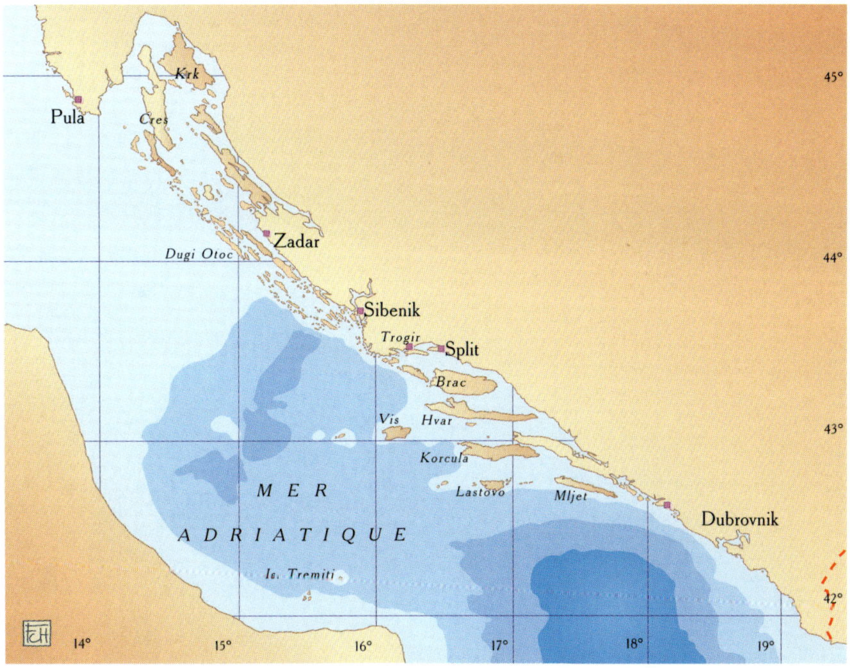

Quand y aller

Le littoral croate est au minimum fréquentable pendant une bonne moitié de l'année, d'avril à octobre. En raison de sa proximité relative, on peut croiser pendant une semaine lors des week-ends à rallonge de mai, lorsque la nature est en pleine floraison. L'été est peu venté et assez chaud lorsque le vent n'est pas encore levé mais la fréquentation est encore très supportable, même en juillet et août.

Comment s'y rendre

• À la voile : il est très commode de louer sur place, d'autant que les grandes sociétés de location recommencent, depuis 1997, à installer des flottes de bateaux récents dans les grands centres comme Split ou Zadar. Pour les propriétaires de bateau, une autre solution consiste à faire un circuit multi-croisière avec un convoyage aller en descendant par le trajet Corse-Sardaigne-îles Éoliennes-Messine-Croatie, et retour en remontant le long de la côte italienne par les îles (3 000 milles environ).
• En voiture : autoroute jusqu'à Trieste.
• En avion : Paris-Split par Euralair ou Paris-Lubljana par Adria Airways (vol hebdomadaire).

À noter sur le livre de bord

• Monnaie : le kuna (1HRK = +/- 0,90 FF).
• La bora, le vent fort dominant a deux origines : anticyclonique qui draine depuis l'est-nord-est un air continental froid et sec venu d'Europe centrale et accompagné d'un ciel dégagé. Cyclonique, quand une dépression est située sur le sud de l'Italie et « tire » de l'air perturbé et des ciels chargés depuis le nord-nord-est.
• Dans l'archipel dalmate, les calmes atteignent en moyenne 19 % en été.

Les escales incontournables

• Dubrovnik, bien que largement détruite pendant la guerre de 1991, est en cours de reconstruction.
• Korcula.
• Sibenik.
• Trogir, à proximité de Split.
• L'île de Hvar : arsenal du XVIIe siècle, cathédrale baroque et Renaissance, maisons du XVe siècle.
• L'archipel des Kornati.

La Grèce

Sous l'empire du meltem

Des eaux calmes de Corfou (*page de gauche :* église de Podikonissi) à Hydra et ses mules (*ci-dessus*), la Grèce offre une variété d'escales infinie. C'est le pays de la croisière par excellence.

Avant d'aborder la Grèce, et pour ne pas être déçu, il faut d'abord se faire à l'idée que l'on ne pourra pas tout voir ni profiter de tout. La richesse, le nombre, la variété des sites tous plus dignes d'intérêt les uns que les autres ne laissent aux amateurs que deux possibilités : se faire une raison ou s'y installer ! On a l'embarras du choix du port de départ, du circuit, de la saison et même du bateau, depuis que quelque deux mille voiliers de location sont disponibles dans la trentaine de marinas désormais construites en Grèce. Les flottes des loueurs proposent toute une gamme de solutions, du plus récent croiseur, généralement fabriqué en France, au caïque traditionnel mené par un équipage local en passant par les yachts de luxe et autres bateaux de charter avec équipage. Pour les circuits, le choix n'est pas moins complexe. On peut envisager de ne consacrer à la Grèce qu'un court séjour d'une semaine au départ d'Athènes pour se contenter d'une première prise de contact en cheminant entre les îles du golfe Saronique dont les plus connues – mais aussi les plus fréquentées – sont Égine, Hydra et Spetsae. On pourra préférer rester sur la côte adriatique et s'enivrer des senteurs verdoyantes de Corfou, Ithaque et Céphalonie plus vertes et plus humides que leurs consœurs de la mer Égée. On pourra pousser plus loin dans le golfe de Corinthe, assez aride et dont les eaux sont rarement agitées, pour découvrir des villages éloignés de tout, comme Galaxydi ou Itéa qui sont à un saut de taxi du formidable site archéologique de Delphes. Quelques dizaines de milles plus loin, on pourra revenir vers Athènes en traversant le canal de Corinthe taillé tel un immense coup de serpe entre le continent et le Péloponnèse. Pour les plus amarinés, les Cyclades constitueront la destination suprême, à éviter toutefois au cœur de l'été en raison des persistantes et violentes rafales du meltem. Naviguer par force 7 à 8 est très rarement un plaisir. C'est pourtant ce qui attend les imprudents qui décident

Ci-dessus :
Île de Kalimnos.

L'Odyssée

Héros grec, roi légendaire d'Ithaque et personnage principal des poèmes homériques, Ulysse fut aussi le guerrier habile auteur du stratagème du cheval de Troie (localisé au nord-est de la Turquie actuelle). *L'Odyssée* relate en vingt-quatre chants son retour à Ithaque (en mer Ionienne) qui suivit des méandres extrêmement tortueux et périlleux. Il est passé du pays des Lotophages (Afrique du Nord, en Libye ?) à celui des Cyclopes (en Crète ?), a séjourné dans l'île de la magicienne Circé, évité les dangers de Charybde et Scylla (Les courants du détroit de Messine ou bien le détroit qui sépare Leucade du continent), navigué dans la mer des Sirènes avant d'être retenu pendant dix ans par la nymphe Calypso dans l'île d'Ogygie (près de Gibraltar ?) qu'il quitta pour rejoindre les montagnes de Phéacie après avoir navigué « pendant dix-huit jours en gardant la grande ourse à gauche ». Le trajet exact que suivit Ulysse et l'emplacement des lieux restent encore aujourd'hui soumis à de nombreuses controverses. Une seule solution : se faire sa propre idée en parcourant la Méditerranée avec *L'Odyssée* comme livre de chevet...

de sillonner la mer Égée durant l'été. Le meltem n'est pas une illusion. Chaud, sec, accompagné d'un ciel d'une parfaite pureté, il peut souffler des jours et des jours durant sans faiblir si ce n'est la nuit. Lié à la présence d'une dépression permanente sur l'Asie Mineure en juillet et août, il n'a aucune raison de s'arrêter. Pire : il est parfois dévié et éventuellement accéléré par le relief des îles. Il lève une mer courte et brutale dans les canaux. Les îles des Cyclades, séparées par une poignée de milles seulement, s'enchaînent cependant avec facilité, mais leurs ports, moyennement abrités, réclament une savante dose d'inventivité lorsqu'il s'agit de se confectionner une place à quai entre barques de pêche, places réservées aux ferries et autres yachts de croisière de tout calibre.

Plus au sud encore, les douze îles (au moins) du Dodécanèse qui flirtent avec la Turquie commencent à dégager un délicat parfum d'Orient. En leur centre, Rhodes affirme sa puissance par une architecture qui rappelle que, des arcs gothiques de style vénitien aux minarets musulmans en passant par les citadelles médiévales fortifiées, elle a toujours été au carrefour des civilisations maritimes. Port franc, Rhodes attire le pire du tourisme et le meilleur de la Grèce à deux pas de l'Asie Mineure, vit à une vitesse effrénée l'été, retrouve son calme entre-temps. Les navigateurs lui préfèrent en général la mignonne Symi posée sur l'eau un peu plus au nord, mais voient en Rhodes une excellente base de départ pour une croisière à cheval sur les îles grecques et la Turquie.

On pourra pousser plus loin encore vers le sud, à destination de la Crète, plus sage, plus authentique, plus variée avec ses hauts sommets souvent enneigés, mais tout aussi hospitalière, qui a su rester très éloignée des grands centres nautiques et dont le relief tabulaire crée des vents parfois brutaux. Les plus originaux pointeront leur étrave en direction du nord, vers l'archipel moins fréquenté des Sporades qui a l'avantage d'être moins exposé aux rafales du meltem mais très brûlé par le soleil.

Pour le navigateur, la Grèce n'a pas toujours le visage aimable que se plaisent à présenter les guides touristiques. En raison des effets thermiques, dus au relief et aux fortes chaleurs enregistrées en été, elle peut s'amuser à proposer plusieurs jours de calme plat avec chaleur accablante à la clef, avant d'y mettre un terme par un coup de vent aussi bref que violent et impossible à prévoir. La Grèce n'est pas seulement la patrie des vents locaux mais l'eau y est une denrée rare en été, notamment dans les îles qui doivent faire face à une augmentation importante de leur population en raison du tourisme. Elle est parfois rationnée, voire coupée et difficile à se procurer pour les yachts de passage en dehors des grandes îles. Il est donc important d'avoir une approche économe du problème et un bateau suffisamment autonome concernant ce domaine.

Ci-dessus :
La plage d'Agios Sostis à Mykonos.

Ci-dessous :
Pêcheurs près de Poros.

La diversité de la Grèce s'accompagne néanmoins de quelques constantes qui font de cette destination l'une des plus agréables qui soit. Il y a d'abord l'omniprésence de l'histoire. Impossible de ne pas se prendre, à un moment ou à un autre,

pour Ulysse ! Chaque île détient sa portion de légende hellénique, chaque territoire est enrichi d'un monument qui rappelle que l'histoire du monde contemporain est née dans ces archipels arides et battus par les vents. On ne saurait trop souligner la qualité de l'accueil grec qui, malgré un incroyable taux d'envahissement touristique durant les mois d'été, a su conserver une simplicité et une authenticité étonnantes. Gastronomie serait un bien grand mot pour caractériser la cuisine locale et les cartes des restaurants ont du mal à proposer autre chose que des souvlakis, de l'agneau rôti, des salades de poulpe, de la salade grecque à base de tomate et de fetha (fromage de brebis). Mais la bonne nouvelle, c'est la présence de l'huile d'olive à tous les étages. L'apéritif généralisé est l'ouzo (anisé) et le vin le plus répandu le retsina, vin blanc de qualité ordinaire. Dans les restaurants, il ne faut pas hésiter à aller soi-même choisir ses denrées en cuisine, ce qui a l'avantage de faciliter les contacts...

Les ruines de la cathédrale Saint-Stephanos sur l'île de Kos (*en haut*). *Page de droite :* Mouillage de Lindos, à Rhodes.

Il y a aussi cette lumière partout éblouissante, cette mer si bleue, ces chapelles si blanches que l'on retrouve au détour de chaque mouillage. Évidemment, il n'est pas rare que les 4x4 japonais aient remplacé les ânes et les mules mis en exergue dans les dépliants touristiques. Il existe bien des criques ou des plages, qui ont l'air retirées de tout, sur lesquelles on débarque d'abord en shootant dans des détritus en plastique ou des canettes métalliques. Pourquoi la Grèce échapperait-elle aux gangrènes du monde moderne, surtout en Méditerranée qui est une mer fermée où les courants sont souvent négligeables ? Mais c'est aussi en Grèce que l'on pourra tomber sur un berger en train de faire paître son troupeau de brebis à quelques mètres d'une crique, c'est là que l'on s'amusera à la vue de ce poulpe fraîchement pêché qui a été mis à sécher sur le même fil que le linge. C'est là qu'on grimpera, dans la douleur, les dizaines de marches qui permettent de rejoindre un temple ancien à la beauté éclatante pour mieux profiter, une fois de retour, de la fraîcheur d'un ouzo à l'ombre de la terrasse d'un café. La Grèce a ceci de remarquable qu'elle semble être inscrite à jamais dans l'éternité.

Ce qu'il faut savoir...

Quand y aller

Mai, juin et septembre, sans hésitation possible. Juillet et août sont à la fois très chauds, trop ventés (dans les Cyclades surtout) et très fréquentés. La Grèce bénéficie d'un climat agréable durant six mois de l'année, le ciel y est en général limpide. L'hiver est doux et humide, parfois très venté avec un régime de vent de nord ou de sud lié au passage des perturbations le long de la Méditerranée.

Comment s'y rendre

• À la voile : on peut envisager de se rendre en Grèce au terme d'une croisière/convoyage qui visitera successivement la Corse, les îles Éoliennes et le détroit de Messine avant de traverser la mer Ionienne. On peut louer un bateau sur place ou alors laisser son voilier durant plusieurs saisons.

• En avion : nombreux vols sur toutes les compagnies depuis les grandes villes d'Europe à destination d'Athènes ou des îles les plus fréquentées comme Corfou, Rhodes ou Mykonos. Olympic Airways assure une correspondance vers les îles plus petites.

• En ferry : il est toujours possible de faire convoyer son bateau vers une base de départ avancée, il faudra alors prendre un ferry depuis Athènes pour rejoindre l'île visée. La fréquence et la variété des liaisons maritimes sont à la fois une source d'étonnement et une affaire qui marche dans toutes les îles grecques.

À noter sur le livre de bord

• Monnaie : le drachme (30 drachmes = +/- 1 FF).

• Décalage horaire : + 1 h.

• Distances : Athènes-Hydra : 50 milles ; Rhodes-Santorin : 200 milles.

• Au sud du Péloponnèse, les caps Maléas et Matapan sont souvent ventés.

• Chaque profession a ses propres horaires de travail et un jour de congé hebdomadaire différent.

• Association des agents loueurs de bateaux, 36 Odos Akionis, Athènes - tél. 982 71 07.

• La location sous pavillon étranger en Grèce est interdite.

Les escales incontournables

• Hydra, dans le golfe Saronique où les ânes et les mules remplacent les véhicules automobiles.

• Galaxydi ou Itéa dans le golfe de Corinthe pour aller visiter le site de Delphes.

• Palaia Epidavros dans le golfe Saronique, à deux pas des sites d'Épidaure, Mycènes et Thyrinte.

• Mykonos, pour pouvoir atteindre Délos dont les rivages sont très réglementés.

• Symi, dans le Dodécanèse.

• Nauplie, à l'histoire chargée, le port le plus proche du site d'Argos.

• Ithaque, en mer Ionienne. Question de pèlerinage.

• Skopelos, Kyria Panagia, Alonissos dans les Sporades.

La liste pourrait s'allonger indéfiniment...

Page de droite :
Symi, à deux pas de Rhodes, est une escale plus calme et très appréciée des plaisanciers.

EXPRESS

La Turquie

Au carrefour des civilisations

Les caïques amarrés au pied des oliveraies sont aussi typiques de la côte turque que les étonnantes tombes de Caunos (*page de gauche*).

La Turquie pourrait être contenue tout entière dans ce berger qui recoud son filet en racontant, à l'abri d'un olivier, sa vie, ses espoirs, le bonheur de sa simplicité dans un anglais plus qu'approximatif. Un cabanon de pierres sèches, un rosier en fleur, deux poules, trois chèvres, tout autour le maquis, peu de chose et beaucoup de sentiments. Un voilier moderne est là, mouillé dans une crique déserte, loin de tout. Une partie de l'équipage barbotte, une autre est partie visiter un village situé dans les hauteurs à une demi-heure de marche à pied. Le soir, le berger allumera un feu, sortira une chaise, tordra le cou à l'une de ses poules pour ses nouveaux convives, et ce sera la plus belle soirée de leur croisière. La veille les a vus dans un autre lieu, fascinés devant des vestiges merveilleusement conservés, le lendemain les trouvera ailleurs, amarrés au pied d'une oliveraie, qui descend en pente douce jusqu'à une eau immobile, en train de déguster les petits poissons de roche achetés à un pêcheur de passage.

La Turquie pourrait être aussi cet équipage de caïque, pas vraiment inquiété par les affres de la navigation, qui passe son temps à faire revenir dans une batterie de cuisine éculée des mets issus de la nuit des temps où agneau grillé, aubergine, tomate et huile d'olive ont tous les droits. Les bateaux traditionnels sont ici encore très nombreux et leur exploitation parfaitement organisée. Après une première croisière en Turquie à bord d'un voilier standard, aussi beau soit-il, se posera toujours la question de savoir si la prochaine – car il y aura forcément une prochaine – ne serait pas plus agréable à bord d'un caïque. Construits en bois de pin, vernis à l'extérieur, confortablement aménagés à l'intérieur, les caïques permettent de s'affranchir des calmes fréquents grâce à leur solide motorisation. Les voiles, lorsqu'elles sont hissées, servent surtout à appuyer le navire, pour l'empêcher de rouler, plutôt qu'à vraiment propulser. On sera de toute façon bien dorloté par ces hommes qui

semblent posséder jusque dans les moindres détails l'art difficile du savoir bien vivre : nappe blanche et couverts en argent à l'heure des repas, taud de soleil aux plus chaudes heures de la journée, sieste bien faite par la suite.

La Turquie, ce pourrait être ce long golfe immobile sillonné à faible allure entre des collines couvertes de pins et de maquis, le sillage traçant de longues arabesques qui s'en vont mourir sur les grèves désertes sans croiser le sillage d'un quelconque autre bateau. Ce pourrait être aussi cette barque de pêcheur, lui tirant sans précipitation sur les avirons, elle, préparant le filet, dans ses vêtements traditionnels qui rappellent que l'on est ici aux portes de l'Asie Mineure. La Turquie est aussi contenue dans ces vestiges à demi-engloutis qui nous remémorent qu'une grande partie de l'histoire contemporaine est née là, au carrefour des civilisations grecque et syrienne. Ils sont engloutis parce que la région est soumise, depuis toujours, à une activité tellurique importante. Tout autant que sa voisine la Grèce, la Turquie est le lieu idéal pour mener un périple qui combine le culturellement intense et le physiquement agréable.

Douceur méditerranéenne, intense activité côtière et paysages exceptionnels comme la baie d'Olü Deniz (*page de droite*) font de la Turquie une destination très complète.

Il y a deux ou trois choses qu'il convient de savoir avant de s'embarquer pour le pays des mille et une nuits. D'abord, la nature l'a particulièrement gâtée, lui offrant un relief magnifique, vert, arrosé, montagneux à l'intérieur, extrêmement fertile au point de faire de ce pays l'un des rares au monde à pouvoir vivre en autarcie alimentaire. Ensuite, le littoral est extrêmement étendu, varié, successivement baigné par la mer Noire, la mer Égée, et ce qu'il est convenu d'appeler la Méditerranée à proximité de la frontière syrienne. Istanbul commande le détroit des Dardanelles et celui du Bosphore qui figurent parmi les hauts lieux maritimes de notre planète. La partie du littoral, la plus couramment explorée en croisière, représente une infime portion qui est cependant la plus découpée, la plus grandiose et reste beaucoup plus abritée du meltem que ne le sont la plupart de ses voisines, les îles de la mer Égée. Enfin, il serait dommage de ne pas organiser son périple de manière à disposer de quelques jours pour aller visiter à l'intérieur des terres les sites prestigieux de Pergame, Éphèse, les piscines naturelles des terrasses calcaires de Pamukkale ou le paysage lunaire de Cappadocia. S'embarquer pour la Turquie sans un ouvrage capable de donner une idée claire de ce qu'a été l'histoire dans cette région du monde serait également une parfaite faute de goût.

Les trois centres de départ des croisières turques sont Kusadasi, Bodrum et Marmaris, mais le point d'atterrissage naturel par la voie des airs sera Izmir qui, bien qu'elle ne soit que la troisième ville du pays, se donne des airs de capitale grâce au trafic de son aéroport international et son ouverture vers le monde occidental.

Près de Kusadasi, dont la récente marina est située à deux pas d'Éphèse et Bodrum, le principal site de croisière est le golfe de Güllük qui est cependant abîmé par quelques constructions récentes et autres villages de vacances. À deux pas de l'île grecque de Samos, les plages sont néanmoins superbes.

Au sud de Bodrum, s'ouvre la zone qui concentre 50 % de la flotte de navigation de plaisance. Ville fortifiée, Bodrum est aussi la plus authentique des villes côtières, celle dont le marché est le plus exotique et le plus vivant. Moulins à vent dans la campagne environnante, belles maisons blanches et allées de palmiers n'ont pas défiguré cet ancien village de pêcheurs devenu à la fois un endroit à la mode pour les Turcs, un port actif au cœur de la zone de pêche aux éponges, une destination tou-

ristique idéale et une marina bien équipée où sont basées de nombreuses sociétés de charter et de location. C'est depuis Bodrum que l'on accède au golfe de Gökova qui mérite à lui seul un séjour de croisière permettant d'aller fouiller chacun des mouillages de la péninsule de Datça, éventuellement agrémentée le soir venu de la dégustation d'un *oglak çevrime* (chevreau grillé au charbon de bois) dans l'un des restaurants de la baie de Degirmen Bükü.

Depuis Marmaris, en une semaine de croisière, le choix est encore plus fourni. La route mène naturellement vers le sud en direction du golfe de Fethiye qui est une mine à ciel ouvert de petits recoins paradisiaques. Le premier sera le mouillage qui permet d'aller voir, à un mille de là et en bateau-taxi, les fascinants tombeaux troglodytes de Caunos, ou un peu plus loin

Ci-dessus :
L'incontournable site de Bodrum.

encore, de s'adonner à la revigorante tradition des bains de boue. Puis, viendra le temps des criques larges ou étroites, arides ou couvertes d'oliviers, de pins ou de garrigues. Une côte où alternent rochers dénudés et fonds de vallée arrosés par un ruisseau qui fait vivre une ribambelle de peupliers. On peut descendre en vingt-quatre heures vers Kekova et son archipel pour remonter par étapes vers Marmaris. On peut, au contraire, naviguer vers le nord jusqu'au golfe de Güllük en plusieurs sauts de puce et revenir d'un trait vers Marmaris. Avec plus de temps, on peut pousser vers l'est jusqu'à Antalya, à la limite de la frontière syrienne, là où ne vont que peu de yachts de plaisance.

Évidemment, les îles grecques ne sont qu'à quelques milles de traversée et c'est une option bien naturelle que d'aller traîner à Kos, Symi ou Rhodes pour mieux profiter du patrimoine naturel et historique absolument fabuleux de toute cette région.

Ce qu'il faut savoir...

Quand y aller

Les étés sont chauds et les hivers doux. De mai à septembre, rien ne s'opposera à la navigation dans ces eaux limpides. Les vents sont irréguliers au printemps et en automne, plus réguliers en été en raison des brises thermiques. Il n'y a pratiquement jamais de brouillard mais les brumes de chaleur ne sont pas rares.

Comment s'y rendre

• À la voile : la Turquie représente l'étape ultime pour ceux qui ont la chance de pouvoir organiser une croisière au long cours en Méditerranée depuis la France. Aller en Turquie directement constitue une navigation non stop de 1 300 milles, mais ce serait sacrilège que de ne pas s'arrêter en route. Sur place, tous les loueurs d'envergure ont une base ou un représentant à Kusadasi, Bodrum ou Marmaris, trois ports entre lesquels il est parfois possible d'effectuer une croisière *one way*. Outre les voiliers modernes, le charter à bord d'un caïque local, dont la taille peut dépasser les 20 m, est une solution qui a le mérite de l'originalité.
D'une manière générale, les vents sont faibles ou modérés, les rivages de la mer Égée sont plus soumis au meltem que la portion au sud de Marmaris. Le fond des golfes peut parfois être agité d'un clapot gênant levé par les brises marines qui cependant tombent le soir. Les vents dominants soufflent d'ouest. Attention à une croisière qui circulerait trop souvent entre les îles grecques et la côte turque : les aller-retour entre les deux pays, ennemis depuis si longtemps, se paient en heures perdues à effectuer des formalités parfois tatillonnes.

• En avion : les aéroports les plus commodes sont ceux de Izmir et maintenant de Bodrum qui sont desservis par de nombreuses liaisons régulières ou charters en période de vacances. On peut également partir de Rhodes.

• En voiture ou en train : bon courage !

À noter sur le livre de bord

• Monnaie : la livre turque (10 000 £ T = +/- 2,80 FF).

• Décalage horaire : hiver : + 1 h ; été : + 2 h.

• Le superbe site d'Ölü Deniz qui figure sur tous les guides terrestres est fermé aux bateaux depuis 1983. Le mouillage à l'extérieur est éventuellement possible à l'entrée, par beau temps, pour une visite à terre en annexe.

Les escales incontournables

• Le petit port de Dikili pour atteindre le site de Pergame.

• Kusadasi, comme base de départ à proximité du site d'Éphèse.

• Bodrum.

• Degirmen Bükü, port anglais, et les sept îles dans le golfe de Gökova.

• Kale Kay, face à l'île de Ketova Adasi.

• Les criques du golfe de Fethiye et la baie de Skopea Liman.

• Le mouillage de Dalyan pour une visite au site de Caunos.

3 Escales tropicales

Les Antilles du sud et les îles Grenadines

La perfection à portée de main

Eaux turquoises et rythme de vie indolent, ou les Antilles du sud dans toute leur splendeur.

Double page suivante : Les anses d'Arlet, escale obligatoire au sud de la Martinique.

Attention plaisir ! Voici une croisière à ne manquer sous aucun prétexte. Que l'on soit régatier effréné, croiseur paisible, parfait débutant ou chef de bord confirmé, il est impossible de couper dans sa carrière d'amateur de vacances à voile à une navigation dans les Antilles du sud. Voici un chapelet d'îles béni des dieux où la température est toujours agréable, le vent toujours bien orienté, les escales fréquentes et parfaitement exotiques, le tout à un jet d'avion depuis la France qui a la chance d'avoir sur place des têtes de pont bien établies avec ses deux départements d'outre-mer, la Martinique et la Guadeloupe. Tout commence donc du côté d'Orly ou de Roissy, en général au cœur de l'hiver. La première jubilation intérieure, consiste à mettre les voiles avec seulement quelques maillots de bains et deux ou trois tee-shirts dans son sac à l'heure où le reste de la France grelotte dans un paysage hivernal. Huit heures plus tard, la chaleur, l'exubérance de la végétation, les premières connotations caraïbes confirment ce qui n'était auparavant qu'un espoir : génial !

Les Antilles du sud s'attaqueront de préférence depuis la Martinique et, en général, au départ de la base du Marin située au sud de l'île, à deux pas du canal de Sainte-Lucie. Là, on récupère son bateau de location et après une petite nuit d'acclimatation qui peut être agrémentée de quelques acras ou autres boudins créoles accompagnées des inévitables premiers ti'punch dans un restaurant tout proche, il n'y a plus qu'à hisser les voiles, sous un soleil qui cogne déjà fort, en direction du chenal de sortie. Attention tout de même aux « cailles » qui émaillent ces premiers milles, et attention surtout de ne pas oublier qu'ici, comme dans toutes les Caraïbes, le balisage est inversé par rapport à celui de la métropole...

SHABBA

Le rhum

« Eau-de-vie obtenue par la fermentation et la distillation des jus de canne à sucre ou, le plus souvent des mélasses (résidu sirupeux non cristallisable de la fabrication du sucre) » dit le dictionnaire. Dérivé naturel de la culture de la canne à sucre, originaire de Mélanésie, qui aime particulièrement les climats tropicaux, et qui a suscité dès le XVIIIe siècle le triste commerce triangulaire chargé de rapatrier des colonies entières d'esclaves dans les provinces d'outre-mer, le rhum suscite toujours une part importante de l'activité sucrière en Guadeloupe et en Martinique. Il faut apprendre à faire le distinguo entre le « rhum agricole », distillé directement à partir du jus de canne et le « rhum traditionnel » distillé à partir de la mélasse. Le « rhum léger » fait l'objet d'une distillation plus poussée, le « rhum vieux » doit avoir vieilli au moins trois ans, dans un fût en chêne, pour mériter cette appellation. Il ne faut pas attendre bien longtemps pour se retrouver avec un verre de ti'punch en main après avoir posé le pied sur une île de l'archipel des Antilles. Un doigt de sirop de canne, un zeste de citron vert, une rasade de rhum agricole, et hop, c'est parti pour un petit « décollage »...

Et puis, en direction de Sainte-Lucie, ce sera la rencontre avec l'alizé. Voici une merveille de vent dont on ne se lasse jamais. Un souffle tiède et régulier qui pousse une mer chaude et bleu marine, frangée de petits moutons blancs d'où sautille de temps à autre un poisson volant. Des petits nuages cotonneux filent dans le ciel, les embruns sont tièdes eux aussi, le soleil tape à la verticale, les voiles sont pleines de vent à craquer, le bateau file bien au vent de travers, et l'île suivante est en vue avec ses promesses d'escales exotiques et de plages accueillantes. Vision idyllique ? Oui, c'est à peu près comme cela la plupart du temps et le plaisir est toujours le même, y compris lorsqu'on a pratiqué ce genre de sport à plusieurs reprises. Ceci dit, les Antilles ne se présentent pas toujours dans leur version « carte postale ». Ici, comme n'importe où ailleurs sous les tropiques, on peut tomber sur une semaine mal lunée où le ciel sera gris en permanence, parcouru par des grains qui lâchent plus souvent que nécessaire des cataractes d'eau. Il n'y a pas de miracle : si la végétation est aussi dense et verte, c'est qu'il pleut souvent. L'alizé est un vent soutenu qui, s'il dépasse la frange des 25 nœuds, devient vite épuisant, lève une mer hachée et parfois impressionnante dans les canaux, rend les mouillages rouleurs, fatigue les nerfs et le matériel. Rajoutez quelques coups de soleils agressifs si l'on n'a pas pris la précaution de se protéger, trop de monde au mouillage, une petite coupure due à un corail, une invasion soudaine de moustiques, quelques ravets (cafards volants) dans le paysage ou l'arrivée d'un paquebot qui vomit trois cents touristes américains sur la plage qui semblait déserte, et les Antilles peuvent devenir très désagréables. Mais c'est rare ! Il suffit surtout d'être prévenu et de savoir naviguer sans aller se coller au mauvais endroit pour effectuer dans les Antilles du sud les plus belles croisières de sa vie.

Les deux premières îles de Sainte-Lucie et Saint-Vincent sont les plus hautes, les plus grandes, les plus vertes, elles ressemblent encore à leurs consœurs du nord et constituent des escales agréables. Puis viennent les Grenadines, plus nombreuses, plus petites, plus diverses, plus pelées, mais qui ont l'inestimable avantage d'être d'origine coralliennes ce qui se traduit immédiatement par du sable blanc, des fonds turquoises, une vie sous-marine trépidante et une ambiance de bout du monde. Certes, cela se sait, et il y a toujours dans ces parages beaucoup de bateaux de plaisance de toute nationalité. Les Tobago Caies, par exemple, attirent toujours dans leur mouillage-vedette, situé entre les îlots de Petit Bateau, Barradal et Petit Rameau, beaucoup de bateaux dont la taille et le standing vont d'un extrême à l'autre. Il suffit cependant d'un peu d'originalité pour se retrouver isolé en allant mouiller 500 mètres plus loin, là où il n'y aura déjà plus personne. Ainsi en est-il de la côte sud de Moustique, qui a non seulement la particularité d'avoir concentré quelques-unes des plus belles villas de rêve au monde, mais surtout d'être l'île sur laquelle est installé l'immanquable Basil's bar. On peut aller se cacher dans le lagon situé sur la côte au vent de l'île de Canouan ou celui de Petit Tabac s'il fait beau, et plus au sud encore vers Cariacou, Sandy Island ou la côte sud de Grenade. Évidemment, pour tous ces endroits, il vaut mieux disposer d'un bateau à faible tirant d'eau car on navigue parfois à la limite avec seulement 50 centimètres d'eau sous la quille. Mais on sait au moins que le vent ne tournera pas et que la clarté de l'eau aide à repérer les dangers. En réalité, cette dernière particularité, alliée à un balisage assez irrégulier, impose de naviguer dans les endroits mal pavés soit en milieu de journée (le soleil vertical), soit avec le soleil dans le dos.

Maison créole à Moustique et source d'eau pure en Dominique, ou les Antilles, côté terre.

Les journées sont courtes aux Antilles et la nuit tombe assez tôt, ce qui a plusieurs avantages : d'une part le soleil cesse enfin de martyriser les peaux, on peut profiter à n'en plus finir du formidable ciel étoilé et cela rallonge d'autant l'heure du punch...

Il y a peu de moyens de se ravitailler dans les Grenadines, il faut être économe sur l'eau, le choix des vivres est assez limité, à l'exception de Bequia où s'effectuent généralement les formalités d'entrée, de Union, située au cœur de l'archipel, de Cariacou, la plus peuplée, et de Grenade. Mais les propositions sont nombreuses de

la part des locaux – et parfois des « métro » bien organisés – qui viennent aborder pour proposer poissons fraîchement pêchés, pain, eau, fruits, souvenirs divers et variés. C'est parfois un peu pénible, mais aussi bien commode.

Plus au sud, Grenade est une grande île pleine de caractère qui combine autour de son relief volcanique de grandes plages, des mouillages profonds au sud et de charmants villages comme celui de Saint-Georges qui a conservé de nombreux bâtiments d'époque. Et puis, ce sera peut-être le grand saut en direction des sauvages Roquès. C'en est définitivement terminé du relief volcanique, il n'y a plus que des îles plates et sablonneuses, une végétation plus aride, des pêcheurs, des oiseaux et des poissons. C'est tout. Pas la peine d'y chercher un bar à la mode ou un restaurant,

Ci-dessus :
Grenade est la dernière escale « urbanisée » avant une escapade en direction de l'archipel sauvage des Roquès.

il n'y en a pas. On est déjà à deux pas de l'Amérique latine, du Venezuela et de l'île de Trinidad que de nombreux bateaux rejoignent en hiver à l'époque du carnaval. Les Antilles du sud ont également l'avantage d'être généralement – mais pas exclusivement – à l'écart de la route habituelle des cyclones qui restent une menace permanente – et un fléau régulier – durant les mois d'été pour tout l'arc antillais. On peut y naviguer en toute sécurité et avec tout le plaisir, de novembre à juin, et ceux qui ont décidé de rester dans ces parages au cœur de l'été, doivent faire tout le nécessaire pour se tenir en permanence sur leurs gardes en ayant envisagé, à l'avance, tout ce qu'il y a lieu de faire en cas d'alerte cyclonique. Finalement, on n'évoque jamais tant le diable que lorsque l'on est au paradis...

Ce qu'il faut savoir...

Quand y aller

Les Antilles sont praticables à longueur d'année : plus chaudes, humides et moins ventées en été avec un risque non négligeable de cyclone entre juin et octobre, accentué en août et en septembre. Les vacances d'hiver sont très chargées ; l'idéal se situe hors vacances scolaires, de la mi-novembre à la mi-décembre, puis de janvier à fin juin.

Comment s'y rendre

• À la voile : on peut partir d'Europe et effectuer le périple par la route des Alizés avec escales à Madère, aux Canaries, éventuellement au Cap-Vert, ce qui demande un bon mois de navigation. Plus classiquement, on partira de Martinique ou de Guadeloupe pour un circuit en boucle qui peut durer une semaine (un peu court), dix jours (l'idéal), voire plus. On peut également partir depuis Union ou Grenade ou encore commencer au Venezuela une croisière pour les Roquès ou les Grenadines du sud (port de Santa Cruz). Il est aussi possible avec certains loueurs de naviguer en *one way* vers les Grenadines en laissant le bateau à Union, ce qui impose un surcoût pour le convoyage retour et le trajet en avion Union-Martinique. Le catamaran est particulièrement adapté aux Antilles.

• En avion : nombreux vols à destination de Fort-de-France et Pointe-à-Pitre chez toutes les compagnies françaises. Des vols entre les îles sont assurés par des compagnies locales (Air Guadeloupe, Air Martinique, Liat) ou des compagnies américaines.

À noter sur le livre de bord

• Monnaie : le franc dans les îles françaises, le dollar EC (East Caraïbe dit aussi « Biwi ») dans les autres îles, le dollar US partout.

• Décalage horaire : - 6 h.

• Le balisage est inversé par rapport aux normes européennes dans toutes les Antilles y compris dans les îles françaises. Il faut donc laisser les balises vertes à babord en rentrant dans les port et les chenaux...

• Les marées sont faibles aux Antilles (0,50 m en moyenne) mais les passes et les canaux peuvent accélérer le courant général qui porte à l'ouest.

• La chasse sous-marine est interdite dans les Grenadines.

• La variation magnétique (différence entre les indications données par les compas et la réalité) est importante dans cette région (12° en 1993).

• On change souvent de « pays » en passant d'une île à l'autre, donc les *clearances* ou formalités de police et douanières sont aussi fréquentes qu'obligatoires, ce qui impose au skipper quelques files d'attente dans les bureaux concernés.

Les escales incontournables

• Un mouillage à la plage des Salines (Martinique) en partant ou en revenant du Marin.

• Les anses d'Arlet (sud-ouest Martinique).

• Le Basil's Bar à Moustique.

• le Union Hotel à Union.

• Un mouillage de jour à Morpion.

• Les Tobago Caies.

• Un mouillage de jour à Petit Tabac (si le vent est calme).

• Poser ses étraves sur la plage de Palm Island (catamaran de rigueur).

• Poisson grillé par les habitants de l'île sur la plage de Mayereau (en dehors des jours de passage des paquebots...).

• Le boudin créole, les acras, les poissons, les colombos (curry), les blaffs (court bouillon de poissons), les langoustes, les fruits tropicaux, le tout très épicé, avant de conclure par des petites bananes bien sucrées, éventuellement flambées (au rhum, évidemment...). Les vins sont moins variés et beaucoup plus chers.

CLUB PARADISE
WELCOME
To Club Paradise
Restaurant & NightClub
RESTAURANT
YAMAHA

Les Antilles du nord

Dans le sillage de la flibuste

Corsées et colorées comme le village de Jost Van Dyke (*page de gauche*), dans les « BVI », ou les barques de pêche d'Anguilla (*ci-dessus*), les Antilles du nord sont surtout séduisantes par leur diversité.

Bienvenue au pays des pirates, du rhum, des épices, des galions chargés d'or et de la canaille caraïbe. Entre la Martinique et Cuba, on ne navigue pas impunément sans risquer de tomber sur les traces de ceux qui hantent nos imaginations éprises de courses à la voile, de bagarres d'ivrognes, de créatures superbes et de cocotiers langoureux. Barbe-Noire a sillonné ces régions, l'amiral Nelson y a fait tonner le canon et les mouillages qui leur servaient de repaires n'ont pas bougé d'un iota. Peut-on faire autre chose que de se glisser dans la peau de Francis Drake, lorsque l'on cingle vers des îles qui ont pour nom la Désirade, Marie-Galante ou Saba. L'Anglais n'est jamais loin, sans doute caché du côté d'Antigua ; le Hollandais se tapit un peu plus au nord, du côté de Jost Van Dyke ; de toute façon, ils ne font que naviguer sur les traces de Christophe Colomb qui, le premier, fit la découverte de ce Nouveau Monde. À vrai dire, l'Indien caraïbe pourrait aussi, au détour de la jungle, venir se jeter sur l'un de ces hardis navigateurs pour déguster les plus téméraires. Oui, la mer des Caraïbes fut le pays de la flibuste, l'Eldorado qui, au bout de la route des Alizés, ouvrait la porte du Nouveau Monde et reprenait son dû au retour à grands coups de mousquet et de sabre d'abordage.

Aujourd'hui, les choses ont à peine changé. Du moins en ce qui concerne les phénomènes naturels. L'alizé est toujours là, les îles toujours aussi proches les unes des autres, on navigue la plupart du temps au vent de travers, à vue, et rarement la nuit. Le rhum est toujours aussi bon, et les Antilles du nord restent le refuge de ceux qui ont décidé un jour de se mettre en marge de la société des vivants pour mieux profiter, une semaine ou des années durant, du langoureux rythme de vie tropical. Et ils ont bien raison.

Car les Antilles au nord de la Martinique et de la Guadeloupe constituent le plus fabuleux champ de croisière dont on puisse rêver. Tout change à chaque escale :

Pirate, corsaire ou flibustier ?

La nuance entre les trois statuts est de taille, même si les marins du XVIIIe siècle naviguaient souvent à la limite de ces trois termes. Le pirate, c'est clair, est un brigand, un bandit de grand chemin maritime qui s'attaque aux navires de commerce pour s'emparer de tout ce qui peut constituer une valeur à ses yeux, qu'il s'agisse de la cargaison, d'une partie de l'équipage ou de l'avitaillement, voire du bateau lui-même. Les pirates sont sans nation, sans foi ni loi, ont existé à toutes les époques et existent toujours de nos jours dans certains endroits du monde. Les corsaires avaient un statut très différent mais des méthodes peu éloignées. Ils étaient un peu les pirates officiels du régime, chargés de s'approprier pour le compte du pays les cargaisons des navires ennemis. C'étaient des civils qui avaient le droit de faire la guerre. Les flibustiers, quant à eux, étaient les corsaires qui sévissaient dans les mers caraïbes.

les populations, les nationalités, le décor, les habitudes, la culture, la végétation, le climat même. Partir de Martinique ou de Guadeloupe, c'est partir d'un environnement français. Faire escale à Antigua, c'est se jeter dans le repaire de la marine britannique. Relâcher à Saint-Barthélemy, c'est s'amarrer dans un petit port de Bretagne, tendance créole. Pousser jusqu'à Saint-Martin, c'est débarquer sur une île partagée entre deux pays, mais surtout dans une zone franche où les investisseurs de toute origine se la coulent douce. Poursuivre encore plus au nord vers les îles Vierges, c'est revenir sous protectorat britannique. S'avancer dans les Vierges américaines, c'est rentrer dans une zone où l'on naît américain et où tout se négocie en dollar US. Pousser jusqu'à Saint-Domingue, c'est revenir au temps des galions espagnols. Arriver à Cuba, c'est se rapprocher à la fois de l'Amérique des années cinquante, du communisme et des contradictions changeantes de notre époque. On passe sans transition du zouk au steel band avant de rebondir sur la salsa ou le reggae. À peine a-t-on fini de digérer un boudin créole que l'on se retrouve attablé devant une langouste dominicaine avant d'allumer un Havane. Autant dire qu'il y a là-dedans de quoi mener plusieurs dizaines de croisières qui n'auront en commun que le plaisir de naviguer à longueur d'année sous un climat idéal, poussé par un vent de rêve vers l'exotisme et la douceur de vivre.

Un premier circuit pourrait avoir comme ossature les îles françaises. De Guadeloupe, on ne peut manquer de faire escale aux Saintes et profiter des saveurs sucrées de son village créole. Comme il

s'agit là d'un trajet facile, donc relativement fréquenté, peut-être vaudra-t-il mieux supporter de naviguer quelques heures au près pour aller s'isoler à Petite Terre, là où les iguanes sont encore nombreux, à Marie-Galante qui a su conserver son caractère créole, ou à La Désirade qui reste en dehors de l'invasion touristique. Et puis, ce sera Antigua où les yachts sont plus grands et plus beaux qu'ailleurs, où l'on ne saurait trop recommander à ceux qui aiment le rhum et la régate d'aller disputer, fin avril, la célèbre Antigua Sailing Week. Il s'agit d'une série de courses qui a la particularité d'être itinérante, ce qui oblige les équipages à dormir à bord ou à faire suivre un bateau de croisière qui emmène amis, femmes, enfants et autres admirateurs d'un jour. Il s'agit sans doute de la seule épreuve au monde où le personnel chargé d'organiser les festivités à terre – le Lay Day Commitee – est deux fois plus nombreux que celui chargé de mettre en place les régates ! Vraiment unique au monde. Antigua constitue une escale d'autant plus commode qu'elle est truffée de très beaux mouillages et dispose de plusieurs marinas techniquement bien commodes.

Cap au nord, on s'enivrera de la douceur un peu mystérieuse de Nevis et de Saba qui se plaisent à rester à l'écart des grands flux touristiques, avant d'arriver, via Saint-Kitts, à Saint-Barthélemy. Ici, l'argent circule mieux qu'ailleurs, le décor est mieux tenu, voire même bien gardé, et cette île terriblement française est le lieu d'atterrissage privilégié des oisifs fortunés en hiver. À deux pas de là, Saint-Martin vit au rythme de sa dualité française et hollandaise, mais concentre surtout ce que le tourisme de masse sait faire de plus mal.

Le rythme de vie dans toutes les Caraïbes est formidablement agréable. Grâce aux Dom-Tom, comme ici à Saint-Barth, la France métropolitaine possède aux Antilles de nombreuses bases de départ.

Saint-Martin est, néanmoins, une base de départ très commode pour un second circuit nord en direction des îles Vierges, car l'aéroport de Juliana est une escale régulière des compagnies aériennes européennes. De nombreuses entreprises de charter ou de location ont profité des bienfaits fiscaux de la loi Pons pour y installer leur base. Lorsque l'alizé est modéré, et si l'on n'est pas gêné par un tirant d'eau trop proéminent, les côtes ouest et nord de Saint-Martin et l'îlot Tintamarre permettent de laisser tomber sa pioche au fond de l'océan pour un premier – ou un dernier –

bain. Impossible de rater Anguilla ni Sandy Island, un îlot à la Robinson sur lequel il n'y a rien d'autre à faire que déguster une langouste grillée avant de sombrer dans une sieste réparatrice dans les hamacs suspendus quelques mètres plus loin entre deux cocotiers. Ensuite, l'alizé pousse vers les îles Vierges, et les plus prévoyants feront de ce trajet une croisière *one way* car le retour face à l'alizé n'a rien de confortable.

Îles Vierges ! Avec un nom pareil, impossible de contenir la montée de son taux d'adrénaline. Très vertes, plutôt policées, relativement fréquentées par les croiseurs américains qui en ont fait leur terrain de jeu naturel, les Virgin Islands méritent une croisière à elles seules. Le contour des côtes et la richesse des mouillages y sont tels qu'il n'est pas très compliqué de s'y isoler, ce que faisaient naguère les pirates qui ont écrit là quelques-unes des pages les plus sanglantes de leur triste saga. Il suffit de naviguer dans le Gorda Sound de l'île de Virgin Gorda, en direction de l'immanquable Bitter End Yacht Club, pour comprendre pourquoi ils sont venus se cacher là plutôt qu'ailleurs. Du reste, l'un des grands avantages des îles Vierges consiste à pouvoir naviguer la plupart du temps en mer abritée et dans des paysages vraiment superbes comme à l'incontournable mouillage des Baths où le granit roule ses énormes blocs ronds jusque dans l'eau turquoise. Les îles Vierges britanniques sont dans la même veine, à cette différence près que l'on est ici en territoire américain, ce qui change tout de même les mentalités, l'organisation... et les prix !

Petite Terre (*ci-dessus*) n'est qu'à quelques milles au vent de la Guadeloupe. Antigua (*page de droite*), célèbre pour sa fameuse Sailing Week est une escale très fréquentée par les bateaux anglo-saxons.

Ce qu'il faut savoir...

Quand y aller

Aux mêmes périodes qu'ailleurs dans les Antilles, c'est-à-dire durant les mois d'hiver et au printemps. Les cyclones passent plus facilement dans ce secteur en été ou au début de l'automne, saisons qui sont de toute façon plus humides. La période la plus sensible va de mi-juillet à mi-octobre avec une statistique maximale entre la mi-août et fin septembre.

Comment s'y rendre

• À la voile : 2 700 milles entre Saint-Malo et Pointe-à-Pitre, soit le trajet de la route du Rhum. Record à battre : 14 j 6 h et 28 mn actuellement détenu par Laurent Bourgnon sur *Primagaz* lors de sa victoire dans l'épreuve en 1994.

• En avion : destination Pointe-à-Pitre pour une croisière qui part de Guadeloupe, ou atterrissage à Saint-Martin si l'on veut aller naviguer plus au nord ou dans les Vierges. On peut également aller directement dans les îles Vierges en prenant une correspondance ou en passant par Miami et San Juan (Saint-Domingue).

À noter sur le livre de bord

• Monnaie : le franc dans les îles françaises, le dollar EC (East Caraïbe dit aussi « Biwi ») dans les autres îles, le dollar US partout.

• Décalage horaire : - 6 h.

• Ne pas dire les îles Vierges mais les BVI (prononcer bi-vi-ay) ou USVI (You-ès-vi-ay).

• Les petites Antilles sont désormais équipées d'un système de téléphonie portable, le *boat phone*, dont les appareils sont en vente ou en location dans les îles.

• La *cigatera*, maladie de peau due à une intoxication par le poisson, est plus développée dans le nord des Antilles : les poissons carnivores (barracudas, carangues, murènes et congres) sont les moins recommandables.

- Dans un cyclone (ou une dépression tropicale), les vents tournent dans le sens inverse des aiguilles d'une montre. Le secteur le plus dangereux se situe dans le quart nord-ouest de la dépression.

Les escales incontournables

• Petite Terre, le soir, quand les *day charter* sont partis.

• Les Saintes, on y est bien, surtout le soir.

• Antigua Yacht Club et Nelson's Wharf, à Antigua.

• Saba, pour retrouver une certaine authenticité, et Nevis pour rester en dehors des routes fréquentées.

- Saint-Barthélemy, pour l'esprit créole et y voir atterrir les avions. Redoutable !

• Le Bitter End Yacht Club dans les BVI.

• Le mouillage des Baths dans les BVI.

• Une langouste au feu de bois sur Sandy Island (hors haute saison).

• Le hamac sur la plage de Jost Van Dyke. Cool man !

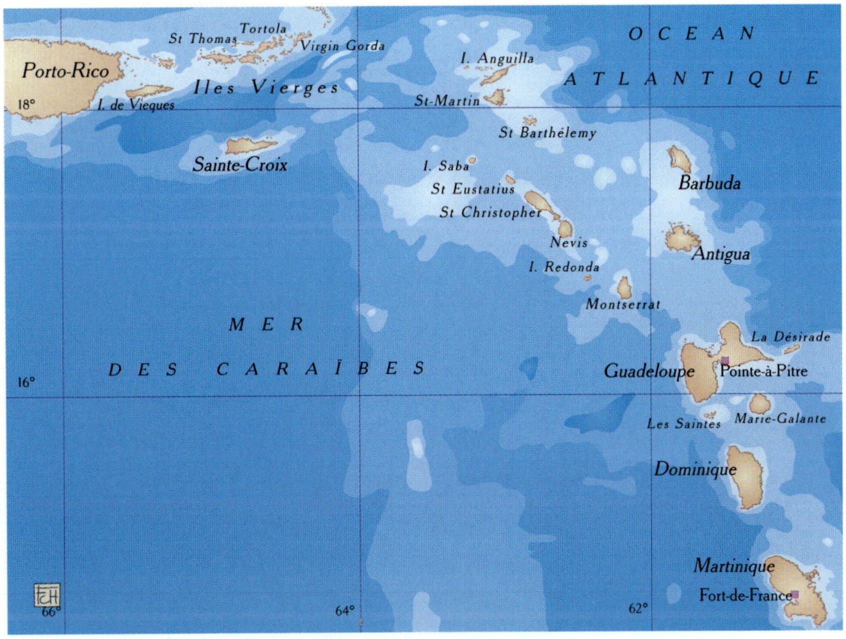

APTAINS

La Floride et les Bahamas

À cheval sur le Gulf Stream

Page de gauche : **Des Keys à Bimini, les pélicans et les motor-yachts spécialisés dans la pêche au gros font partie du paysage. Qui dit Gulf Stream dit poissons !**

Un fleuve de vie. Le Gulf Stream, partout où il passe, apporte douceur, réconfort, crée des richesses et favorise la vie. Tour à tour voie royale qui permet de naviguer plus vite de l'Amérique vers l'Europe, responsable des brouillards londoniens ou de la douceur qui favorise la qualité des vignobles bordelais, le Gulf Stream est, en Floride, le fleuve qui coule devant la porte et délivre chaque jour sa vie poissonneuse et ses eaux colorées. Enfanté par les alizés, qui poussent les eaux atlantiques de l'Afrique vers l'Amérique aux latitudes tropicales, le Gulf Stream fait la démonstration de toute son énergie lorsqu'il est obligé de passer en force dans le détroit peu profond qui sépare la Floride du Grand Banc des Bahamas. Il devient alors un fleuve impétueux qui peut éventuellement s'avérer franchement dangereux lorsqu'il est pris à rebrousse-poil par un coup de vent du nord, comme cela arrive parfois – mais rarement – en hiver.

Côté Floride, c'est l'urbanisation, l'excitation, les vacances à l'américaine, le tourbillon qui, entre les Caraïbes, l'Amérique du Sud et le dollar-roi a donné naissance à la flamboyante cité de Miami et à ses consœurs à peine plus tranquilles de Fort Lauderdale et Palm Beach. Cette région abrite la plus forte concentration de bateaux de plaisance au monde, en tout cas les plus grands yachts, lesquels sont en général amarrés dans l'une des innombrables marinas qui se cachent dans les terres, ou encore mieux, au ponton privé d'une luxueuse résidence ayant pied dans l'eau. Mais Miami, temple du plus grand salon nautique du monde et repaire des constructeurs des fameuses « cigarettes », n'est pas, en dehors de sa position centrale, une escale très attirante. Parfaite d'un point de vue technique, dépaysante le temps d'aller visiter les avenues rococo de Miami Beach ou étonnante, la nuit, du côté du bouillant quartier de Coconut Grove, on la quitte sans trop de regret, cap au sud en direction des Keys ou vers l'est, en direction de Bimini et de l'archipel des Bahamas.

Et là, en quelques milles, tout change. On se retrouve sans délai au beau milieu de nulle part, ou plutôt loin de tout. Le vrai cœur de la Floride se cache ici, du côté de Key West que l'on atteint depuis Miami par les Inlands Waterways qui permettent de naviguer en mer plate à l'abri du Gulf Stream. Tout au long du Hawk Channel, en direction de Key Largo ou de Marathon, le jeu consiste à slalomer entre les flotteurs des casiers à *stone crab.* Puis surgit la ville ultime : Key West. L'air y est doux, l'eau turquoise, on y vient pour respirer, pour prendre le temps, pour s'imprégner de l'atmosphère des

romans d'Hemingway, ou pour voir à quoi ressemble le point le plus au sud des États-Unis. Maisons coloniales en bois restaurées et peintes dans des couleurs incroyables, piliers d'amarrage gorgés de sel dans l'attente du retour improbable d'un bateau parti en pêche, vols de pélicans qui plongent en escadrille sur d'invisibles bancs de poissons, ici se trouve le sud du sud. Key West est une petite ville à taille humaine, délicieusement déglinguée, qui vit à son rythme en marge d'un pays tout simplement trop grand. Un endroit formidablement agréable où la vie atteint des lenteurs étonnantes, où les bars restent ouverts tard le soir, où il y a beaucoup d'artistes, d'écrivains, et qui fut, au même titre que San Francisco, l'un des hauts lieux du mouvement gay. Key West attire la presque totalité des régatiers nord-américains pour la

première grande série de régates internationales de la saison dès le mois de janvier, Key West regarde chaque jour vers Cuba, qui ne se trouve qu'à 98 milles plus au sud, dans l'attente de la réouverture de l'île aux touristes américains. Key West où l'on se déplace plus en vélo et en moto qu'en voiture, Key West qui sera toujours la ville-refuge des marginaux et des gens de passage.

Pour ne pas rompre le charme trop vite, la bonne solution consiste à traverser le Gulf Stream en direction des Bahamas. *Baja Mar* – la mer basse – c'est de ce terme espagnol que vient le nom de ces bouts de sable en survie permanente qui forment un ensemble de sept cents îles et deux mille quatre cents *cayes,* dans lequel on peut naviguer durant des semaines entières sans perdre de vue le fond de la mer. Ce qui veut surtout dire qu'il ne faut pas quitter le sondeur des yeux, ni délaisser les guides, les cartes et le positionneur GPS. Sauf, lorsque l'on a trouvé son mouillage de rêve, taillé à grands coups de douceur par un sable étincelant qui réfléchit sans entrave l'azur du ciel. Ce sont les boucaniers de tout ordre qui ont trouvé, dans ce somptueux repaire, la cache idéale pour donner l'assaut aux galions espagnols qui empruntaient autrefois l'autoroute du Gulf Stream pour rentrer en Europe.

Paradoxalement, ce qui constitue le principal attrait des Bahamas est en même temps son principal défaut : multiplicité des îles, des chenaux et des courants, variations des profondeurs dues aux marées et risques d'échouage en font un des endroits du monde les moins bien équipés en flotte de bateaux de location. Paradoxal, vu la proximité des États-Unis. Les quelques sociétés de louage qui se sont installées pour la plupart dans le port de Marsh Harbour, tout au nord, n'autorisent la

Page de gauche et ci-dessus : **Seulement une soixantaine de milles séparent la vie trépidante de Miami Beach des plages de rêve des Bahamas. Les amateurs de pêche au gros en profitent plus que quiconque.**

Les multicoques sont particulièrement bien adaptés à la circulation entre les *cayes* des Bahamas, archipel étendu dans lequel l'hydravion est également l'outil roi.

navigation que dans des secteurs bien délimités en dehors desquels leur clientèle n'est plus assurée ! Autant dire que les listes d'attente sont longues et qu'il sera prudent de réserver. L'autre solution consiste à visiter cette région du globe à bord d'un motor-yacht mené par un équipage du cru. Elle a le double avantage de permettre de circuler plus vite et plus facilement dans le dédale des îles qui est très étendu, mais aussi de pouvoir pratiquer le sport local le plus populaire : la pêche au gros.

À 50 milles à peine des côtes de Floride – soit le temps de traverser le Gulf Stream – Bimini est la plus célèbre et la plus facile à atteindre des îles des Bahamas ; elle est surtout la capitale mondiale de la pêche sportive. Installée sur une île plate, cette bourgade indolente de deux mille âmes vit au rythme des nombreux tournois qui s'y déroulent à longueur d'année. Qu'ils arrivent là par les minuscules hydravions de la Chalk Airline en provenance de Miami, ou directement depuis la Floride à bord de leur grosse vedette Bertram ou Hatteras hérissées de tangons de pêche, les passionnés du « tout gros » ont ici leur hôtel de base, le Big Game Fishing Club, et leur bar de rencontre, l'incontournable Complete Angler. Construit avec les membrures d'un bateau de contrebande du temps de la prohibition, ce bistrot de légende est tout entier dévoué au culte de Papa Hemingway, à travers une bibliothèque et de nombreuses photos de l'écrivain, qui vécut ici ses années les plus turbulentes. Nassau, la capitale, n'a rien d'un lieu extraordinaire en dépit de l'équipement hôtelier et touristique de son île de Paradise Island, également un haut lieu de l'empire du jeu et des casinos.

Étendues sur 600 milles, les Bahamas sont en grande partie inhabitées, seule une quarantaine d'entre elles font l'objet d'une présence humaine permanente. Mais qu'il n'y ait pas grand monde dehors n'est pas un problème. Sous l'eau, il y a ce qu'il faut, notamment des dauphins plus liants qu'ailleurs, et plusieurs écoles de plongée à Bimini, dans les îles Turks et Caicos (tout au sud), organisent des excursions pour rencontrer l'ami *delphinus*. Lorsqu'ils sont au rendez-vous, l'expérience de ces quelques minutes passées à nager avec les vrais habitants de la planète mer est de celle qui vous laisse des souvenirs impérissables pour toute une vie.

Ce qu'il faut savoir...

Quand y aller

Toute l'année, plus favorablement entre décembre et juin, mais le printemps est la meilleure saison. L'hiver est chaud, un peu moins cependant qu'aux Antilles du sud. Des fronts qui passent plus bas en latitude à cette époque de l'année peuvent apporter une certaine fraîcheur, du vent, voire même du mauvais temps avant une rotation des vents au nord-ouest. Les cyclones sont rares mais possibles en été.

Comment s'y rendre

• À la voile : la première île des Bahamas est à 40 milles de la Floride. En venant des Antilles, l'archipel des Turks et Caicos est à 250 milles de Port-au-Prince (Haïti) où sont basées plusieurs compagnies de charter.

• En avion : vols quotidiens pour Miami sur de nombreuses compagnies, puis correspondance vers Key West ou Nassau (Bahamas) par les hydravions de la Chalk Airline.

À noter sur le livre de bord

• Monnaie : dollar US et dollar bahamien.
• Décalage horaire : - 6 h.
• Le Gulf Stream est un courant chaud qui porte vers le nord et peut atteindre 4 nœuds par endroit. On repère sa présence au thermomètre.
• La devise locale : « Sept cents îles pour sept cents rêves. »

Les escales incontournables

• Fort Lauderdale, le Pier 66.
• Le Miami Boat Show, en mars, pour y voir les yachts les plus extravagants du monde.
• Miami, le quartier de Coconut Grove, le samedi soir pour y voir passer les plus belles filles du monde dans les plus belles voitures du monde...
• Key West, la maison d'Hemingway.
• Bimini, The Complete Angler et le Big Game Fishing Club où il est question de poisson.
• La pêche au gros dans le Gulf Stream.
• Le Bacardi Rum Billfish Tournament, deuxième semaine de mars à Bimini. Pour les experts.
• À Miami Beach, le restaurant Joe's Stone Crab, tout au bout de la plage.

Les Seychelles et l'océan Indien

Sur la route des épices

Végétation originale et luxuriante, plages coralliennes, blocs de granit et hôtels bien intégrés, au cœur de l'océan Indien, les Seychelles offrent une douceur de vivre et des escales uniques au monde.

Le mouillage de l'anse Lazio, à Praslin, lorsqu'il fait beau, est extraordinaire. Un petit concentré de Seychelles à lui tout seul. Une sorte de creux dans l'île couverte par la jungle, avec, au fond, une grande plage en demi-lune. Le sable est blanc, vraiment blanc. Les cocotiers sont grands, verts et penchés. Un souffle léger agite leur palmes de temps en temps. De part et d'autre de la plage, la nature a posé là, Dieu sait comment, les indispensables gros blocs de granit ronds si caractéristiques des Seychelles. Plus loin, un chemin part dans la colline. Sous les cocotiers, un restaurant. Un seul, pas plus. Ailleurs, une maison en bois tapie dans la verdure, les pieds dans l'eau. Le bateau est là qui se dandine sur un fond de houle venu d'on ne sait où. Les vagues déferlent gentiment sur la plage afin que le paysage ne soit pas trop immobile. De temps à autre, un poisson saute, preuve qu'il y a du monde là-dessous. Il y a des oiseaux dans le ciel ; l'eau est chaude et bleu turquoise ; l'air est doux et parfumé. On peut lire, se baigner, jouer avec les vagues, mettre un masque pour aller voir de quoi il retourne, passer des heures sur la plage à papoter tout en creusant le sable à la main pour trouver des *tek tek* qui ne vont pas tarder à rejoindre le bord pour finir dans quelques spaghettis *al vongole*. On pourrait rester des jours et des jours durant. Aux Seychelles, la vie n'est pas plus compliquée.

Ici, pas besoin de faire des centaines de milles pour trouver son bonheur. La nature a bien fait les choses. Les îles sont très proches les unes des autres, et hormis la corallienne Bird Island située à 60 milles au nord, il ne faut pas plus de quelques heures de navigation paresseuse pour passer de l'une à l'autre. On pourra aller s'enivrer de l'exubérante vie sous-marine corallienne à l'îlot Saint-Pierre, goûter les charmes de la

Coco-fesse

À l'abri des cyclones et des grands flux de migration, les Seychelles ont développé une faune et une flore originale dont certaines espèces sont inconnues ailleurs dans le monde. Ainsi en va-t-il du coco de mer – surnommé coco-fesse en raison de ses formes très suggestives – dont la rareté a toujours été accompagnée d'une légende sur ses éventuelles vertus bienfaitrices, qu'elles soient aphrodisiaques ou fécondatrices ; il serait même doté de la faculté de neutraliser les poisons. Il s'agit en réalité d'une espèce beaucoup moins agréable à consommer que le coco traditionnel et la pérennité de l'espèce elle-même est due au travail de fécondation des insectes et des petits reptiles locaux. Il n'en reste pas moins que la vallée de Mai, sur l'île de Praslin, offre au visiteur une incroyable variété végétale avec des espèces souvent uniques au monde dont quatre mille cocos de mer géants qui auraient plus de mille ans d'âge. Canneliers, goyaviers, takamakas, lataniers, arbres à pain, vanilliers et acacias se partagent les sous-bois ou partent à l'assaut du ciel. Entre pénombre et parfums délicats, un lieu frais, étrange et envoûtant où sa majesté le soleil a beaucoup de mal à pénétrer.

palmeraie des Sœurs, voir les énormes tortues de mer à la ferme de Curieuse, rester au mouillage à Praslin pour aller visiter la somptueuse végétation de la vallée de Mai. On guettera le beau temps absolu pour rendre visite aux chercheurs ornithologiques de l'île Aride qui ne l'est pas du tout. Et puis il y aura La Digue. La plus enchanteresse avec son minuscule port réservé aux bateaux locaux qui ne peuvent renier leur origine africaine, ses paisibles chars à bœufs, ses jardins magnifiques, et ses chemins serpentant dans la jungle pour mieux rejoindre ses trois plages côté sud. On peut y louer des vélos et s'en aller le long du sentier qui suit le rivage vers les paysages inoubliables de la Fontaine d'Argent, là où le granit, le sable blanc et les cocotiers ont scellé leur pacte de beauté pour l'éternité.

Naviguer un peu ne fait pas de mal et si le temps est favorable, on tirera un long bord vers Bird Island ou Denis Island, haut lieu de la pêche au gros. D'une manière générale, il est bien rare qu'il faille attendre une prise longtemps lorsque l'on laisse traîner une ligne dans le sillage. Et même si l'on ne tient pas à pêcher, il y aura toujours un gros poisson sous le bateau pour répondre à l'invitation amicale d'un bout de pain. Ici plus qu'ailleurs, on aura la chance de tomber sur une tortue de mer. Comme dans toutes les eaux tropicales, il y a aussi des requins et il convient de prendre les précautions d'usage : ne pas garder sur

soi du poisson blessé lorsque l'on chasse, éviter de plonger la nuit. On peut aussi se faufiler entre les rochers de la pointe est de l'île Félicité (quel nom !) ou tenter un mouillage sauvage, vraiment très sauvage, du côté de Frégate. Certaines îles sont habitées et l'accueil y sera aussi discret que chaleureux. D'autres ne le sont pas, et la vie y est plus douce qu'ailleurs. Les Seychellois sont d'un naturel effacé et il règne dans leurs îles un respect pour la nature que l'on aimerait voir répandu ailleurs. Les habitations ou les hôtels ne sont jamais disgracieux.

Nous vivons du reste à une époque formidable : après avoir été, pendant plus d'une quinzaine d'années, mis en quarantaine de la navigation de plaisance, pour raison politique, via un système de taxes de séjour prohibitifs pour les yachts, les Seychelles ont récemment rouvert leurs rivages enchanteurs en acceptant la création de plusieurs bases de bateaux de location. Voilà une très bonne nouvelle ! Car l'archipel des Seychelles, au cœur de l'océan Indien, a de multiples attraits. Sa configuration géographique en fait un paradis pour la croisière. Situées dans l'hémisphère sud mais pas trop – juste assez pour ne plus être dans la zone équatoriale très humide sans être pour autant sur la route des cyclones –, les Seychelles ont l'avantage de proposer une géologie éclatée qui permet d'envisager des croisières de tout niveau. L'archipel central autour de Mahé est un concentré d'une soixantaine d'îles et îlots essentiellement d'origine granitique qui accueille la grande majorité de la population et des activités humaines. Cet ensemble forme un chapelet idéal, à égrener en croisière, pour un court séjour d'une semaine ou dix jours. Les amateurs de grands espaces encore vierges, apprécieront les archipels plus éloignés comme ceux d'Aldabra, des Amirantes ou Farquhar, qui proposent une myriade d'îles supplémentaires, quasiment désertes, où la nature corallienne apparaît dans sa plus grande pureté. Les Seychelles ont aussi comme atout d'être à trois heures de décalage horaire de l'Europe, avec en outre la possibilité de voyager la nuit, ce qui permet de perdre moins de temps et d'énergie que, par exemple, lors d'un classique séjour aux Antilles. Ensuite, pour ceux qui ont la chance de déjà bien connaître les îles caraïbes, inévitablement

Les barques amarrées à La Digue ne peuvent renier leurs origines : elles ressemblent à s'y méprendre aux boutres qui naviguent en mer Rouge.

très fréquentées en saison, les Seychelles ont l'avantage d'être à l'abri des grandes migrations plaisancières.

Tout commence et finit à Mahé, l'île capitale et son bourg principal, Victoria. De l'aéroport international aux ruelles agitées, on finit par atterrir à proximité du yacht-club, où sont basés tous les bateaux de plaisance. Quelques heures plus tard, les voiles sont déjà hissées et l'étrave taille sa roue en direction de l'est car, paradoxalement, Mahé est la moins accessible des îles pour un yacht en croisière. On prendra néanmoins le temps de faire un mouillage de jour dans l'archipel de Marine Park, juste à la sortie de Victoria et de visiter l'île avant d'embarquer ou de revenir de croisière. La première traversée ne sera pas bien méchante : juste de quoi rejoindre une première île qui aura forcément un nom délicieux : Anonyme, Ronde, Silhouette, Praslin, Cousine, Curieuse, La Digue ou Saint-Pierre. Il faut dire que cet archipel, placé sur la route des Indes, est longtemps resté sous influence française, bien que sa position, aux prolongements éminemment stratégiques et commerciaux, ait donné lieu à de belles empoignades entre les marines royales britanniques et françaises au début du XIXe siècle. En réalité, ce sont les Arabes qui ont été sur place les premiers, puis les Portugais au XVIe siècle, avant qu'elles ne deviennent un fameux repaire de pirates. Elles ont été vraiment colonisées à partir de 1756, et sont restées françaises jusqu'au lendemain de la Révolution ; les Anglais, après une rocambolesque série d'attaques et de capitulations, prendront le relais en 1806 pour cent soixante ans de domination qui verront l'abolition de l'esclavage, puis l'indépendance en 1976. Ce n'est pas le moindre de nos privilèges actuels que de pouvoir aller vérifier, sur place, que les rêves des aventuriers et les coquins de la flibuste se sont toujours posés dans des pays exceptionnels.

Tortues séculaires, grains tropicaux, petits oiseaux amicaux, pagaille colorée de la capitale Victoria (*page de droite*), les Seychelles, côté terre, sont très animées.

Ce qu'il faut savoir...

Quand y aller

À la différence de l'Atlantique, l'océan Indien est soumis au régime des moussons. De mai à octobre, il fait plus frais, moins humide, les vents, assez soutenus, soufflent majoritairement du sud-est. De décembre à mars, la chaleur est plus lourde, l'humidité plus forte, les averses plus fréquentes et les vents viennent du nord-ouest. Les demi-saisons sont donc parfaites.

Comment s'y rendre

• À la voile : en raison de l'isolement des Seychelles au cœur de l'océan Indien, la location ou le charter en équipage sont les seuls moyens d'y effectuer une croisière et ce toujours au départ de Victoria.

• En avion : Air Seychelles et Air France assurent trois vols par semaine depuis Paris (9 h 30 de vol environ). Les plus grandes îles sont équipées d'un aéroport desservi par Air Seychelles. Sur place, on peut louer des voitures à Mahé, La Digue et Praslin.

À noter sur le livre de bord

• Monnaie : la roupie seychelloise (100 RS = +/- 1 FF).

• Décalage horaire : + 4 h.

• Distances : Mahé -Amirantes : 136 milles ; Mahé-Farquhar : 420 milles ; Mahé-Aldabra : 630 milles.

• La mousson de nord-ouest crée un courant d'environ 1 nœud portant à l'est de décembre à avril. Après un phénomène de renverse entre les deux moussons, il porte à l'ouest de juin à septembre.

• Le marnage oscille entre 1,40 m et 1,80 m et crée des courants significatifs dans les passes et aux extrémités des îles.

• Les mouillages bien abrités sont assez rares et lorsque le vent souffle, nombre d'entre eux sont rouleurs, ce qui oblige parfois à revenir passer la nuit aux mêmes endroits après un mouillage de jour.

• Hormis Victoria, il n'y a pas de port dans les Seychelles. Les possibilités d'avitaillement sont rares en dehors des trois plus grandes îles, ce qui impose de bien gérer sa consommation d'eau.

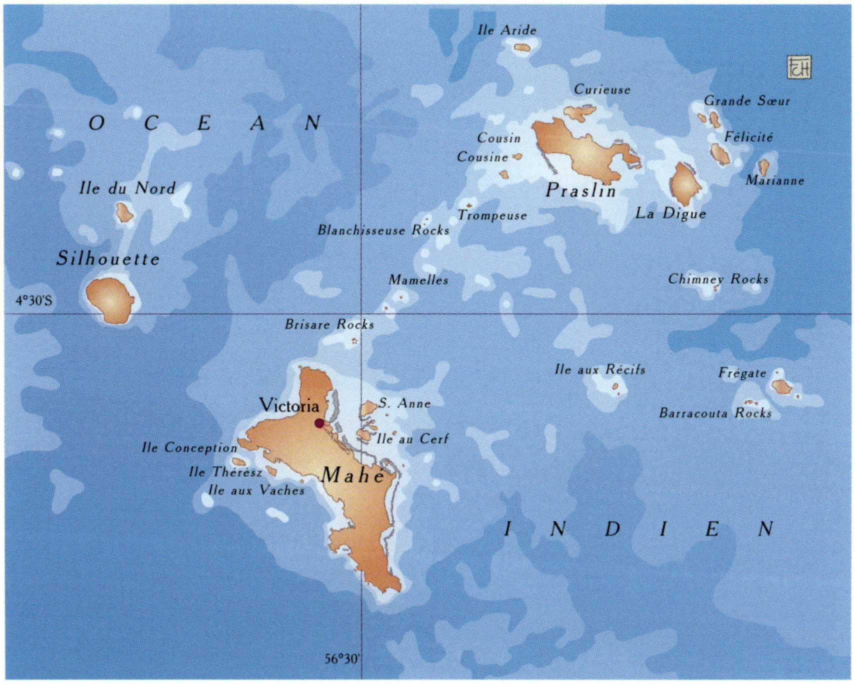

Les escales incontournables

• L'anse Lazio, à Praslin, si le vent le permet. Attention au débarquement sur la plage rendu sportif par la houle.

• La cocoteraie et la plage ouest de la plus grande des deux îles Sister.

• L'îlot Saint-Pierre, pour le snorkeling.

• La vallée de Mai, à Praslin.

• Un mouillage de jour (interdit la nuit) au Marine Park en partant ou en revenant à Mahé.

• Une promenade à la Fontaine d'Argent, sur l'île de La Digue. Obligatoire.

• La cocoteraie et les trois baies ouest de l'île de La Digue. Enchanteur.

• Cousin et Cousine, pour les oiseaux.

• La ferme des tortues géantes à Curieuse.

Les Maldives

Le bonheur sur la mer

Qu'elles soient désertes ou habitées, les îles des Maldives sont de purs joyaux. Bénéficiant d'un climat exceptionnel six mois de l'année, la première base de location de bateaux n'y a été ouverte que début 1998.

On ne part pas impunément en croisière aux Maldives : les risques d'y découvrir un terrain de voyage si immense qu'il pourrait se transformer en amour exclusif sont assez conséquents. Jusqu'ici, cet immense archipel composé de mille deux cents îles, situé juste au nord de l'équateur en plein cœur de l'océan Indien, était surtout connu pour sa douceur, la blancheur immaculée de ses plages de sable fin et le formidable foisonnement de ses fonds marins. En réalité, comme ses voisines les Seychelles et dans une moindre mesure l'île Maurice, les Maldives ont connu un essor touristique récent mais très contrôlé, ce qui les a mises à l'abri du tout et n'importe quoi. Le plan d'ensemble qui, au début des années soixante-dix, décida d'installer sur quelques îles une infrastructure capable d'attirer un tourisme haut de gamme, a créé une ribambelle de paradis, appelés ici les *resorts.* Elles figurent en bonne place dans la liste des destinations de rêve des tour-opérators, mais d'infrastructure spécifique à la plaisance, point.

Aujourd'hui encore, les paysages de carte postale des Maldives restent vierges de tout bateau de croisière, exception faite de quelques très rares tourdumondistes de passage et d'une poignée de bateaux de charter. On serait bien en peine de trouver un quelconque guide de croisière traitant des Maldives et la région est couverte par seulement deux cartes marines loin d'être très détaillées. C'est à se demander comment un tel territoire a pu rester à ce point à l'abri des investigations du monde de la plaisance, car ses attraits sont aussi nombreux que réels : la mousson du nord-est ventile cette région pendant six mois de l'année et constitue un carburant de première qualité, très équivalent à ce que peut être l'alizé dans les régions tropicales, en plus doux car la région ne connaît pas les cyclones. La myriade d'îles désertes à la Robinson qui composent l'archipel demandent à être abordées en douceur et elles ont le bon goût de se regrouper en atolls, ce qui permet de naviguer en mer plate en toute occasion. Les fonds marins sont d'une beauté excep-

tionnelle et valent aux Maldives d'être l'une des destinations les plus courues par les plongeurs. Mais en matière de plaisance, rien.

Le désert absolu ? Pas tout à fait. Après avoir insisté pendant des années auprès des autorités locales, le loueur britannique Sunsail a finalement reçu, en 1997, l'autorisation d'installer une base de bateaux de location sur l'île de Hulhulé qui a la particularité d'être aussi celle qui abrite l'aéroport international de Malé. Les Maldives sont ainsi faites qu'en raison de la rareté de l'espace disponible la capitale de l'archipel est située sur une île, son aéroport sur une autre. Il est probable que cette tête de pont ne restera pas longtemps un cas isolé car d'autres loueurs font le nécessaire pour arriver à s'engager dans la brèche récemment ouverte. L'important est que l'on peut enfin aller faire une croisière aux Maldives en louant un bateau sur place.

Ci-dessus et pages suivantes : **Omniprésents, les *dohnis* sont bien adaptés à leur environnement : très larges pour pouvoir tout pêcher ou tout transporter et bas sur l'eau car ils naviguent toujours en eaux abritées.**

On débarque donc là, un peu sonné par les onze heures de vol entre Paris et Malé via une escale à Colombo (Sri Lanka) ou Dubaï (Émirats arabes unis). Première surprise : au lieu de charger ses bagages dans un taxi, on embarque directement dans un *dohni*, l'une de ces barques à tout faire qui sillonnent en permanence l'archipel des Maldives, transportent tour à tour hommes, marchandises, matériaux de construction, biens d'équipement, et sont bien évidemment utilisées pour la pêche. Une fois les formalités de mise en main terminées, l'option la plus naturelle consiste à aller prendre le pouls du pays en allant compléter l'avitaillement à Malé. La capitale des Maldives occupe chaque mètre carré d'une île et le minaret de la mosquée annonce une caractéristique essentielle : la vie des Maldives est profondément imprégnée de la religion musulmane. De l'organisation de la société civile à l'habitat, des rythmes de vie à la manière de se vêtir, des horaires de prières aux rigueurs du ramadan, le quotidien est marqué par cette religion omniprésente qui ne revêt cependant aucun caractère extrémiste. Sa présence est assez semblable à celle du Maroc. Pour les habitués de rythmes tropicaux, il reste néanmoins surprenant d'être réveillé, au cœur de la nuit, par l'appel à la prière du muezzin alors que l'on est mouillé sous le vent d'une petite île recouverte de cocotiers. Cela signifie aussi que l'on est astreint à terre à un minimum de retenue vestimentaire, notamment pour les femmes. L'alcool est introuvable en consommation locale, sauf dans les resorts ou par un avitaillement commandé à l'avance auprès du loueur.

Vous avez dit « île » ? Oui, les Maldives ne sont que des îles, la plupart du temps très petites, basses et d'origine corallienne, et on peut les classer en trois catégories : celles encore désertes, celles occupées par les resorts et enfin, celles habitées par la population locale. La première catégorie est un ravissement. Cela va de la minuscule plage de sable fin qui émerge à peine d'un pâté de corail, à l'île plus longue pourvue d'une végétation basse et touffue mais toujours dotée de plages de sable blanc qui a la particularité de n'être jamais brûlant sous le pied. On mouille sous le vent, parfois même en déposant l'ancre directement sur la plage, si les fonds le permettent, et c'est la vie de Robinson. L'océan se brise sur la barrière de corail et entretient un fond sonore permanent qui n'est pas dérangé, une fois n'est pas coutume, par les cris de quelconques oiseaux : ils sont très rares aux Maldives. On peut s'arrêter le temps d'un mouillage de jour, une nuit ou plus longtemps encore, on est seul, perdu au milieu de l'océan et des murs d'étoiles qui tapissent la nuit équatoriale. Paradisiaque.

La deuxième catégorie est plus inégale. Les resorts occupent généralement les plus beaux lagons, mais leurs dirigeants ne sont pas encore tous habitués à voir un bateau de plaisance moderne mouillé dans leur jardin. L'accueil n'est pas forcément chaleureux ; certains acceptent que l'on débarque pour une visite, un repas au restaurant ou une plongée, d'autres sont moins tolérants

et vous demandent simplement de passer votre chemin. La meilleure solution consiste, comme au bon vieux temps, à débarquer sur l'île une fois le bateau à l'ancre, pour montrer sa bonne volonté. Il est probable qu'avec le temps, le tri se fera entre ceux qui voient dans les plaisanciers de passage un surcroît occasionnel de clientèle et ceux qui, réfractaires, voudront se protéger de toute intrusion extérieure. Et puis, il y a un autre phénomène : certains lagons sont tout simplement totalement fermés, ou n'offrent qu'une passe minuscule dans laquelle ne peuvent s'aventurer que de petites embarcations à très faibles tirant d'eau – comme les *dohnis* – mais pas même un catamaran et encore moins un monocoque.

Restent les îles locales, de loin les plus intéressantes. La plupart sont d'une authenticité stupéfiante qui a disparu depuis longtemps dans les autres grands sanctuaires de la croisière. On peut passer des heures à observer le va-et-vient des pêcheurs sur leurs superbes barques dont l'étrave rappelle le croissant musulman, ou s'amuser des jeux des enfants sur la plage. Les maisons sont petites et organisées en ruelles rectilignes recouvertes de sable doux ; la propreté est érigée en règle d'or et il n'est pas rare de voir des femmes courbées en deux en train de nettoyer les sous-bois. À l'heure où le soleil se noie dans une explosion de rouge orangé, les hommes prennent le temps de discuter à n'en plus finir sur des bancs publics faits de rondins et de filets. Il est un signe qui ne trompe pas : les îles des Maldives sont le paradis de la balançoire. Une branche, une planche, quatre bouts de corde, et il n'en faut pas plus pour installer cet accessoire fondamental, utilisé aussi bien par les enfants que par les adultes, seuls ou en groupe. Ce qui en dit long sur le rythme de la vie locale...

La religion musulmane est partout présente aux Maldives. En dépit d'une certaine rigueur qui obligent les visiteurs à un minimum de tenue, elle a également mis ces îles à l'abri de certains fléaux qui ailleurs ont fait des ravages, l'alcool notamment.

Ce qu'il faut savoir...

Quand y aller

Étendues du sud au nord à proximité immédiate au nord de l'équateur dans l'océan Indien, les Maldives sont soumises au régime général des moussons, donc praticables d'octobre à juin, soit le temps que dure la saison sèche pendant laquelle le vent souffle invariablement de l'est-nord-est, très rarement à plus de force 3-4.
La température varie de 24 à 33 °C toute l'année ; le soleil est assez agressif, puisque l'on se trouve quasiment au niveau de l'équateur. Février est plus sec mais aussi plus fréquenté, ce qui rend les réservations difficiles.

Comment s'y rendre

Il est virtuellement impossible de visiter les Maldives individuellement. Il faut avoir un « tour package » en main, soit à destination d'un resort ou d'un voilier de location. Ce n'est pas la destination la moins chère (20 à 30 % de plus qu'aux Antilles), mais sûrement l'une des plus intactes. Sunsail est pour le moment la seule compagnie de charter qui permet de visiter les Maldives à la voile et propose, avec la location de ses bateaux, des billets par Air Lanka avec une nuit d'hôtel et une journée passée à Colombo. Pas de vol direct pour Malé depuis la France, il faut faire escale à Colombo (Air Lanka) ou Dubaï si l'on prend l'un des trois vols hebdomadaires de la compagnie Emirates, ou encore à Zurich si on vole par Balair, la ligne vacances de Swissair qui fait aussi escale à Colombo.

À noter sur le livre de bord

- Monnaie : le rufiyaa (0,9 r = +/- 1 FF), mais le dollar est roi et les resorts acceptent les cartes de crédit.
- Décalage horaire : + 3 h en été, + 4 h en hiver. Il fait jour entre 6 h et 18 h 30.
- Les marées sont assez sensibles (1 m de marnage environ), et créent un courant dans les passes qui peut rendre les mouillages rouleurs en vives eaux à marée haute.
- Outre la voile, on peut également faire des croisières dédiées à la plongée à bord de gros bateaux locaux à moteur.
- Les resorts n'acceptent de faire plonger que les titulaires de diplôme en bonne et due forme.
- La gastronomie n'est pas très variée, elle tourne autour du riz et du poisson et elle est en général très épicée.

Les escales incontournables

- Les îles locales de Tulushdoo au nord de Malé ou Gulhi au sud de Malé.
- La petite plage située au nord du Club Méd dans le lagon de Hulhulé.
- Les arrière-boutiques en bordure du port de Malé.
- Rihiveli, tout au sud, sans doute la plus belle resort, et l'une des plus sauvages.
- Les promenades sous-marines sur les bancs de corail et le long des passes.

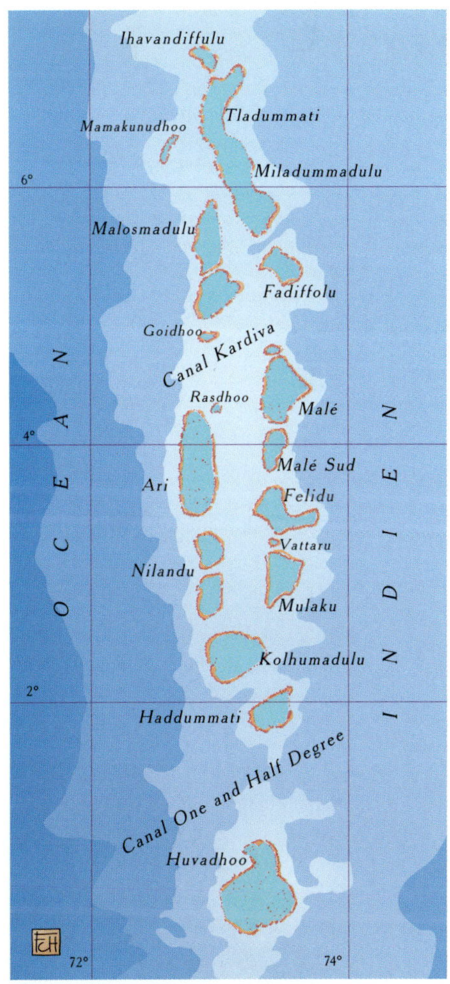

La Polynésie

Loin de tout, près du cœur

Le paradis a une porte, c'est bien connu. Celle-ci a la forme d'un S dans le chenal, avec deux balises à contourner par l'extérieur comme une porte de slalom. Il faut réduire sa vitesse en raison des pavés de corail environnants et de l'étroitesse de la passe. Le bateau glisse en douceur, grand voile haute et moteur en avant lente.

Et puis voilà ! C'est ici que ça commence. Il faut renvoyer le génois, et le chenal qui s'élargit autorise désormais à naviguer au près. L'eau s'éclaircit, s'éclaircit encore pour rejoindre des tonalités jamais vues. C'est un peu comme naviguer sur une immense piscine de plusieurs milles de long, à peine tachetée ici et là de quelques points sombres qui marquent les dangers. Le lagon de Bora Bora, c'est çà. À droite, le relief acéré d'un grand volcan éteint qui s'amuse à attraper les nuages pour mieux jouer avec la lumière. À gauche, une série de *motus* qui s'étire mollement en une frange de grands cocotiers. Au milieu, du bleu. Rien que du bleu tendre, du bleu plus foncé, du bleu des mers du sud qui vire à l'émeraude, du turquoise dont l'éclat change au fur et à mesure de la montée du soleil et des variations de la profondeur de l'eau. Au fond, le sable blanc, issu du malaxage du corail par l'océan, agit comme un immense réflecteur. Éblouissant ! Au début, on a peine à croire que l'on ne va pas planter ses deux flotteurs (ou sa quille) et rester immobilisé. Mais non. On finit par s'habituer, on borde, on accélère pour profiter de ces conditions. En réalité, il y a toujours plus de deux mètres d'une eau si claire qu'il faut vraiment se rapprocher inconsidérément de la plage pour toucher. On ne sait plus où aller tellement les possibilités de mouillage sont nombreuses, d'autant que dans ce paradis-là, il n'y a personne ou presque.

Attention à la Polynésie ! les croisières suivantes risquent de sembler un peu fades...

Ci-dessus :
Raiatea qui abrite la plupart des bases de bateaux de location.

Page de gauche :
Le lagoonarium de Bora Bora.

Bien sûr, on ne rentre pas dans ce rêve sans transition, il faut d'abord avaler deux fois douze heures d'avion, à peine entrecoupées d'une escale d'une heure à Los Angeles. Autant dire que l'arrivée à Tahiti vous trouve en état de zombie, ravi cependant

La plongée

Parmi les grands sites mondiaux de la plongée, la Polynésie figure en première ligne. Avec la Grande Barrière de corail, la mer Rouge, les Fidji et les Maldives, elle offre ce foisonnement de faune sous-marine qui va de la vie turbulente des massifs coralliens aux grands fauves océaniques. Le lieu idéal de rencontre se situe dans les passes qui relient l'intérieur des lagons à l'océan Pacifique. C'est dans le courant parfois violent, le long des tombants que l'on réalise les plongées les plus spectaculaires ; mais des lieux plus paisibles comme le jardin de corail situé dans la partie sud-est du lagon de Bora Bora constituent un enchantement pour une simple promenade sous-marine avec palmes, masque et tuba. Plusieurs écoles et clubs de plongée proposent d'aller à la rencontre de ce monde spectaculaire mais réclament, la plupart du temps, les diplômes attestant du degré de compétence de chaque plongeur.

par le comité d'accueil qui offre à chacun une fleur de tiaré si délicatement parfumée. Il est cinq heures du matin, il fait déjà grand jour, et il faut enchaîner une pleine journée sous la chaleur tropicale. Tahiti se découvre plutôt côté terre, et ce ne serait pas une erreur que de lui consacrer le temps nécessaire, deux ou trois jours ne seront pas de trop pour reprendre pleinement ses esprits avant d'embarquer sur le bateau. Après, il sera temps de se laisser glisser doucement vers Moorea, avant d'attaquer un peu plus tard encore la traversée en direction des îles Sous-le-Vent. La première île surgira de l'horizon au bout de 80 milles de navigation : Uahine. Une promenade au moteur dans son immense lagon commence à révéler les ingrédients de la formidable ambiance polynésienne : paysages superbes, flore ravissante, population charmante, rythmes de vie langoureux balancés par le passage des goélettes qui trafiquent entre les îles, vagues de surf à l'entrée du chenal en prime. On peut louer un scooter, le temps d'aller jusqu'à l'école située au bout de l'île pour mieux toucher du doigt la notion de bonheur innocent. Non pas que la vie dans les îles du Pacifique soit dénuée de problèmes économiques et sociaux, voire existentiels, mais tout de même...

Et puis viennent Raiatea et sa consœur Tahaa qui se partagent le même lagon. Tout au nord, l'hôtel Vahine Island y préfigure ce que pourrait être une autre vie, celle du bonheur total : la mer, la plage, de jeunes cocotiers, une paillote pour chacun, pas de bruit, peu de clients, des bateaux pour plonger ou pêcher. Au loin, quelques fermes perlières reposent tranquillement sur leurs pilotis. Le grondement de l'océan qui roule ses vagues permanentes, la

douceur de l'alizé qui ventile doucement l'ensemble. Surtout ne toucher à rien...

Et puis, au détour du lagon, apparaît la silhouette de Bora Bora. En Polynésie, on raconte qu'elle s'est fourvoyée dans le tourisme, qu'il n'y a plus de poissons, que tout est à vendre, qu'elle a troqué son âme contre des dollars ou des yens. Balivernes ! Il y a, en tout et pour tout, trois cents lits d'hôtels dans cette île, connue dans le monde entier, grande comme la baie de Quiberon. Voici donc la perfection même, ceinturée d'un lagon corallien d'école, avec une seule passe d'entrée sous le vent. Arrêt de rigueur au yacht-club, excellent restaurant, où l'on peut s'approvisionner en eau et faire quelques courses d'un coup d'annexe.

Mieux vaut être prévenu : on a toujours envie de rester à Bora Bora plus longtemps que prévu. Le temps d'explorer le lagon dans tous ses recoins, de faire du spi vol, d'aller plonger avec les raies, de visiter tous les pâtés du jardin de corail, d'aller dire bonjour au navigateur Pierre English, restaurateur après cinq années de *day charter* à bord d'un Formule 40 recyclé. Impossible de ne pas prendre le temps de se raconter des histoires à mourir de rire avec les bateaux de rencontre, de refaire le tour de l'île pour aller voir à quoi ressemble le lagon côté ouest, d'organiser un vol en hélicoptère, de mettre son nez à l'intérieur de l'île, de poser pour la photo avec un *mahi mahi* géant acheté à un pêcheur avant de prendre le temps de le préparer et de le déguster. Prendre le temps de bavarder avec la famille qui tient le lagoonarium où l'on nage sans risque avec requins et autres raies mantas. Trucs pour touristes ? Et alors ? Au moins, avec ceux là, pas de risque de se faire

Le chenal qui sépare Papeete de Moorea ou les premiers milles d'une navigation qui risque fort de devenir inoubliable.

croquer, ils sont bien nourris. Prendre le temps, également, d'observer, là-bas, au loin, ce minuscule bateau posé sur un tapis de velours émeraude qu'un soleil bariolé va finir par faire disparaître dans la nuit tropicale. Le problème avec les rêves, c'est qu'ils sont toujours trop courts...

Et le Pacifique est si grand ! L'un des attraits de cette partie du globe réside dans le délicieux sentiment que l'on y est éloigné de tout. De l'Europe, de l'Amérique, de l'Australie, de l'Orient, de l'Occident. C'est une civilisation, celle de la mer et de l'océan, celle des étoiles qu'utilisaient les navigateurs qui avaient tracé un véritable écheveau dans le ciel pour se diriger d'île en île sans aucun instrument de navigation. Ce Pacifique-là est un peu cosmique. Il faudra bien sûr réserver un autre voyage à l'exploration de l'archipel des Tuamotu. Celui-ci est tout entier tourné vers le bas, vers ce qui se passe sous l'eau, vers ce bouillonnement de vie qui contraste singulièrement avec l'uniformité des paysages extérieurs simplifiés à l'extrême : eau turquoise, cocotiers verts, plage de sable blanc. Il faudra aussi ménager du temps pour pousser encore plus loin vers le nord. L'archipel des Marquises est fascinant. Là, changement de décor. Les îles sont volcaniques à l'extrême, hautes, découpées, les plages sont noires, le tourisme est encore discret, la population a encore cette fraîcheur et cette hospitalité qui ont séduit les grands explorateurs. En direction de l'ouest, il restera encore les îles Cook, les Samoa, les Tonga, les Fidji. Et puis, il faudra encore choisir : soit obliquer vers le sud, vers la Nouvelle-Calédonie et son immense lagon, soit vers le nord et les îles Salomon. Cette immensité donne un peu le vertige. Entre rêve et réalité, dans le Pacifique, on ne sait plus très bien où se situe la frontière...

Ci dessus :
Havre de paix au cœur du lagon de Uahine.

Page de droite, en haut :
Une séance de spi vol, ou comment porter un autre regard sur les eaux turquoises du lagon de Bora Bora.

Ce qu'il faut savoir...

Quand y aller

Praticable sans risque trop élevé de mauvais temps d'avril à novembre qui est la saison dite sèche.
De décembre à mars, les averses sont en principe plus nombreuses. Il y a peu de cyclones, sauf les années où il en passe six d'un coup, ce qui est très rare. Le vent est en principe plus fort, voire très fort en juin-juillet-août, les demi-saisons sont en principe les plus favorables.
Mais comme dans tout pays tropical, le temps n'est pas vraiment prévisible et varie entre le franchement beau et le franchement humide. Huit jours pleins sur place semble un minimum en raison de la fatigue occasionnée par le voyage. Elle est rapidement amortie à l'aller, beaucoup plus éreintante au retour...

Comment s'y rendre

• À la voile : à moins d'avoir initié un voyage autour du monde, le meilleur moyen consiste à louer un bateau sur

place, avec ou sans skipper, voire en location à la cabine. Les trois flottes les plus conséquentes sont celles de Moorings, Sunsail et VPM. Les deux premiers sont basés à Raiatea, ce qui a l'avantage d'éviter le trajet Tahiti-îles Sous-le-Vent et retour. Basé à Moorea, VPM peut convoyer sur place. Le trajet depuis Tahiti économise une dépense d'avion supplémentaire qu'il sera bon de réinvestir dans des frais de convoyage retour. En effet, une croisière *one way* s'impose car le trajet retour vers Tahiti s'effectue au près et peut être très musclé. Encore un champ de croisière idéal pour les bateaux à plusieurs pattes...
• En avion : le choix se fait entre AOM et Air France qui proposent des tarifs équivalents oscillant selon les modalités et les saisons entre 5 500 et 7 500 francs.

À noter sur le livre de bord

• Monnaie : le franc pacifique (100 CFP = +/- 5,50 FF).
• Décalage horaire : + 11 h.
• Langue parlée : le tahitien, le français et l'anglais.
• Le maaramu est le vent fort de sud qui souffle en été.
• Les phares sont rares. Hormis les grandes traversées, le navigation de nuit est à proscrire.
• Comme partout en zone corallienne, il faut tracer son itinéraire et négocier les passages délicats en milieu de journée, ou avec le soleil dans le dos, afin de visualiser les dangers.
• Il y a beaucoup de poissons sous l'eau, et même en étant un piètre pêcheur, on finit forcément par en attraper un, soit à la ligne soit au fusil-harpon. Pour le reste, la vie est relativement chère si l'on ne peut se passer des produits métropolitains.
• Dans les restaurants, tout tourne autour du poisson et du riz.

Les escales incontournables

• Papeete, le marché, tôt le matin.
• Uahine, le lagon, de fond en comble.
• Uahine, « la gauche » à l'entrée de la passe (pour surfeur averti seulement).
• Raiatea, une promenade jusqu'au promontoire.
• Tahaa, le mouillage de Vahine Island.
• Bora Bora, le yacht-club. Pour refaire le plein d'eau ou le soir pour un repas au restaurant.
• Bora Bora, une promenade sous-marine sur le jardin de corail. Inoubliable.
• Bora Bora, le lagoonarium pour nager avec son premier requin (s'ils ne se sont pas déjà montrés avant...).

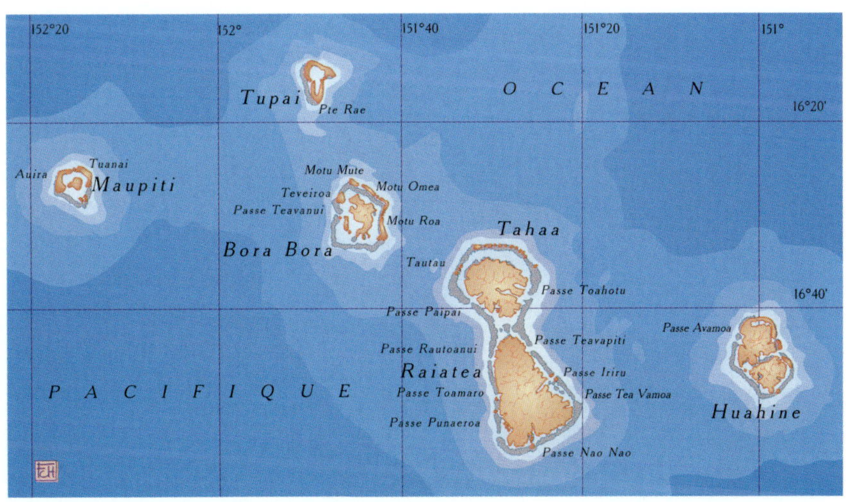

4 Escales du bout du monde

La Californie du nord au sud

Pour tout l'or du monde

En Californie, on navigue surtout dans les baies, mais les incursions que l'on peut faire au large sont souvent récompensées par la vision des nombreux animaux marins qui y séjournent, les baleines notamment.

Les images actuelles de la Californie véhiculent des histoires de vie facile, de belles villas, de mégalopoles tentaculaires et d'explosion économique transportées par ondes successives via l'informatique, l'industrie du cinéma, ou celle du sport et des loisirs. Ce que l'on sait moins, c'est que la Californie est, avec la Floride, le littoral où l'on trouve les plus grandes marinas du monde, et que la côte ouest du continent nord-américain, de la Baja California à la Colombie britannique, recèle des portions littorales vierges qui constituent autant de buts de croisières extraordinairement privilégiés. Évidemment, on évitera d'aller traîner sous le vent de Los Angeles, afin de ne pas être asphyxié par le *fog* qui s'en échappe et éviter d'y emboutir l'une des nombreuses stations de pompage de pétrole qui hérissent la mer dans cette région. Les navigateurs californiens ont cependant de superbes croisières à portée d'étrave en dehors des navigations journalières qui leur permettent, au détour d'une marina forcément merveilleusement équipée, de naviguer *round the bay*.

En Californie, comme partout ailleurs aux États-Unis, la voile est d'abord une affaire de yacht-clubs. Ainsi en va-t-il de la navigation dans la baie de San Diego, tout au sud de l'état, qui dispose d'un grand plan d'eau fermé autour duquel s'est développée cette ville-champignon qui hésite entre des origines franchement hispanisante et le meilleur de l'Amérique *made in California*. Situé tout au nord de ce grand bras de mer, protégé des grandes houles du Pacifique par les falaises abruptes de Point Loma, le club house du San Diego Yacht Club trône au milieu d'une île artificielle gagnée sur l'eau et destinée à abriter une succession de marinas. Le grand bâtiment en bois arbore les trophées de sa grandeur passée et les portraits en noir et

blanc des anciens commodores parmi lesquels figure celui d'un certain Dennis Conner. Voilà l'histoire exemplaire d'un petit gars du coin qui avait la voile dans le sang, qui s'est d'abord appliqué dans les *youth programs*, a persévéré plus fort et plus longtemps que ses camarades de classe sous le regard protecteur d'une autre célébrité locale, l'inventif maître voilier Lowell North. Le maelström qui a bousculé le SDYC dans le sillage de ces deux lascars qui l'ont traîné de Coupe de l'America en victoires océanes s'est maintenant quelque peu assagi. Le club a retrouvé son triptyque luxe, calme et volupté, qui est le point commun de tous les clubs de voile californiens. Les membres y viennent plutôt le week-end pour larguer les amarres, le temps d'un petit tour dans la baie qui consiste à aller tirer trois bords autour d'une bouée, naviguer sous les étraves titanesques des nombreux navires militaires qui stationnent là, porte-avions et sous-marins nucléaires compris. Mieux encore, ils peuvent aller à la rencontre des baleines dont les routes migratoires suivent les rivages californiens en juin et septembre. Si le vent tarde à se lever, cas le plus fréquent, on commencera par le traditionnel brunch du dimanche matin où les familles s'attablent devant un petit déjeuner tardif et convivial avant d'embarquer pour la sortie dominicale.

Un peu plus au nord, les yachtmen de Newport Beach, de Long Beach ou de Marina del Rey (offrant six mille places, c'est la plus grande marina du monde) ont en plus quelques îles vers lesquelles il n'est pas désagréable d'aller tirer des bords le temps d'un week-end. Elles ont pour nom Santa Catalina et Santa Barbara et se laissent aborder après une demi-journée de navigation face à une brise de mer qui a le don de rendre la navigation aussi douce que paisible. On y trouve des mouillages sur coffre payants dans les petits ports d'Avalon et Catalina Harbor qui font oublier que l'on est ici à 25 milles de l'une des plus grandes villes du monde. En réalité, San Diego ou ses consœurs du nord sont les bases avancées d'une croisière beaucoup plus exotique qui s'en ira visiter vers le sud les rivages mexicains de la Baja California. Certes, il ne s'agit pas d'une petite croisière (800 milles), mais on peut louer un bateau sur place. Les terres y sont parfaitement désertes et l'eau est d'un turquoise merveilleusement tropical. La chaleur est intense, les fonds et les rivages sont animés par une faune aussi dense qu'originale. Ce n'est toutefois pas avant La Paz (cent soixante mille habitants), où trois marinas se sont développées dans un abri naturel qui fut autrefois un repaire de pirates, que cette croisière peut commencer. Côté restaurants gastronomiques, boutiques à la mode et disco endiablés, il faudra aller voir ailleurs. Mais pour ceux qui aiment les mouillages sauvages, les paysages grandioses, la plongée, les animaux et le soleil, cette destination est vraiment dépaysante à condition que l'on puisse jouir à bord d'une autonomie totale.

En Californie, quitter le sud en direction du nord revient à faire un pèlerinage aux sources de la marine à voile, dans la baie de San Francisco, par exemple. Terme du voyage des cap-horniers, but ultime des chercheurs d'or, foyer de naissance de l'Amérique désinvolte et cité cosmopolite qui a toujours vécu au rythme des flux migratoires et des secousses telluriques, San Francisco est un cas. Le passage sous le Golden Gate au sortir de quelques erratiques bancs de brouillard est une expérience unique qui marque la vie d'un marin. À vrai dire, les nombreux bateaux qui naviguent dans la baie ne sortent pas beaucoup plus souvent dans l'océan Pacifique que leurs confrères de San Diego, mais ils ont au moins le privilège de naviguer dans des conditions plus exigeantes : courants, brouillards et brises solidement établies parcourent la baie qui a, elle aussi, donné naissance à de légendaires marins tel le flamboyant Tom Blackhaller et son fils spirituel le talentueux Paul Cayard. La rivalité, entre les régatiers du nord et du sud de la Californie, atteint son paroxysme lorsqu'il s'agit de traverser l'océan Pacifique à fond sous spi lors de la course annuelle Los Angeles-Honolulu. Début juillet, la fameuse Transpac permet surtout aux marins californiens de faire l'étalage de leur originalité navigante, à bord des bateaux créés en fonction de leurs propres besoins, les fameux *sleds*, les luges navigantes, et les *Ultra Light Displacement Boats*, longs cigares très étroits et très légers essentiellement taillés pour soutenir des moyennes élevées au portant.

Ci-dessus et page de gauche : **Entre surfeurs fous et Coupe de l'America, la baie de San Diego et son annexe de Mission Bay constituent un terrain de jeu maritime idéal. Pas étonnant qu'elles aient formé autant de grands champions.**

Plus prosaïquement, tirer un bord sous voile dans la baie de Frisco, permet de s'évader de la grande cité tout en prenant du recul pour bénéficier d'un incomparable coup d'œil sur la ville. C'est également en bateau que l'on pourra détailler de près les incroyables maisons flottantes du quartier de Sausalito. Tour à tour repaire de la canaille navigante, des artistes en mal de tranquillité et des marginaux de toutes tendances, Sausalito bénéficie d'un

Ci-dessus :
En raison des courants froids qui circulent le long des côtes de Californie, le brouillard n'est pas un phénomène exceptionnel, même en baie de San Diego.

microclimat, qui lui permet de rester au soleil lorsque la baie est prise d'assaut par le brouillard, puisqu'elle est protégée des vents froids venus du Pacifique par les séquoias qui recouvrent les monts Talmapias. On peut aussi remonter, comme le faisaient les navigateurs d'antan, la rivière Sacramento après avoir frôlé les rives peu engageantes de l'île pénitencier d'Alcatraz, et revenir s'amarrer, le temps d'une « Bud », aux pontons du fameux Saint Francis Yacht Club. Impossible de rater le pèlerinage au comptoir du « cabaret de la première et dernière chance » sur les traces de son plus illustre client, un certain Jack London qui engloutit ses premiers revenus d'écrivain dans la construction du *Snark,* celui-ci devait l'emmener vers les rivages exquis des îles Marquises. À l'extérieur de la baie, il y a peu de destinations de croisière immédiates en dehors des îles Farralones qui servent de colonies de reproduction pour de nombreuses espèces animales incluant phoques, otaries et éléphants de mer arctiques. Plus au nord, les destinations de croisière se font rares et ce n'est pas avant Seattle et le Puget Sound, à la limite nord du pays, que l'on rencontrera de nouveau une nature propice aux conditions de navigation, en été du moins. Il faut envisager un bateau de croisière particulièrement bien défendu et doté d'une parfaite autonomie pour s'attaquer au formidable secteur de la Colombie britannique qui, au-delà de la frontière canadienne, étale son labyrinthe d'îles vierges et d'eau abritées sur des centaines de milles de long. L'Amérique, à l'est comme à l'ouest, offre un inépuisable réservoir de navigations originales.

Ce qu'il faut savoir...

Quand y aller

Le sud de la Californie est praticable à longueur d'année. Le centre et le nord sont plus soumis aux perturbations liées au passage des dépressions qui circulent dans le Pacifique nord. San Diego est une zone de petit temps quasi permanent ; Los Angeles bénéficie parfois de brises thermiques plus marquées ; San Francisco est soumis à un vent moyen assez soutenu et un temps plus frais mais sans grands écarts annuels. L'eau est assez fraîche : 17 °C en moyenne à San Francisco en plein été.

Comment s'y rendre

Il faut onze heures trente d'avion pour se rendre d'Europe en Californie. De nombreuses compagnies (Air France, Continental, American Airlines) assurent des vols directs entre Paris et Los Angeles (50 mn de connexion pour San Diego) ou San Francisco. On trouve sur place de nombreuses compagnies de charter qui peuvent louer des bateaux pour des navigations locales.

À noter sur le livre de bord

• Monnaie : le dollar (1 US $ = +/- 6 FF).

• Décalage horaire : - 9 h.

• Un courant permanent suit la côte californienne du sud au nord à 10 milles au large.

• Les vents dominants sont de nord-ouest et soufflent sur le flanc ouest de l'anticyclone positionné au large des côtes.

• Il est interdit de jeter quoi que ce soit dans la mer y compris de la nourriture ou même de satisfaire un besoin naturel par-dessus les filières !

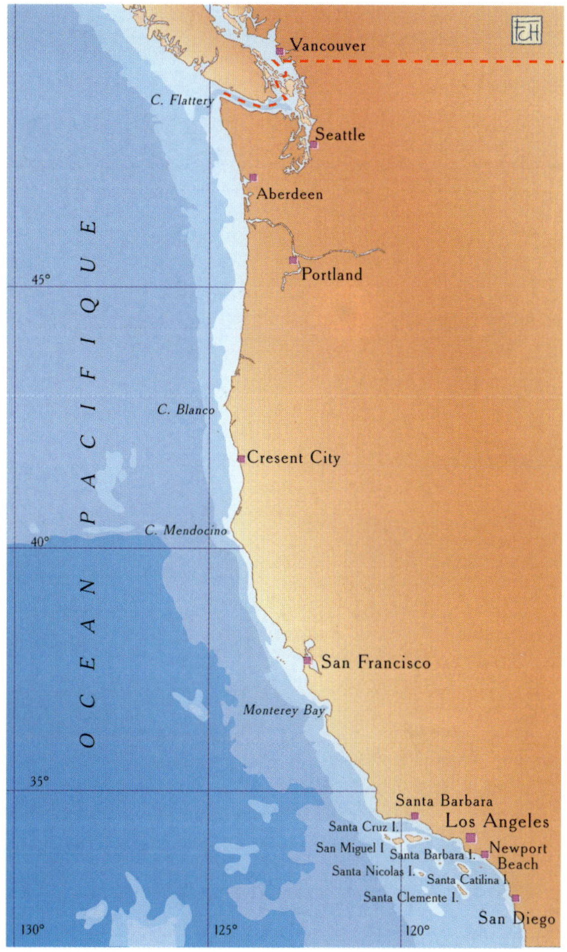

Les escales incontournables

• Un brunch au San Diego Yacht Club le dimanche matin.

• Le Chart House Restaurant, à deux pas du Convention Center de San Diego, le repaire de Dennis Conner *himself*.

• À San Diego toujours, Mission Bay, pendant le week-end, un concentré de Californie à l'état pur.

• Marina del Rey, le port le plus riche du monde (six mille bateaux, neuf yacht-clubs et seize marinas) ou le gigantisme américain version plaisance.

• Le Long Beach Yacht Club, lieu de naissance du *match racing*, et à deux pas du paquebot *Queen Elizabeth* transformé en centre de loisirs.

• À San Francisco, passer à la voile sous le Golden Gate, comme au temps des clippers qui arrivaient du cap Horn, avant d'aller faire le tour de l'île d'Alcatraz.

• Le Saint Francis Yacht Club dans la Marina Yacht Harbor, à côté du quartier huppé de Pacific Heights.

• À Oakland, le bar « First and Last Chance », le préféré de Jack London, qui existe toujours.

De Fremantle aux Whitsundays

L'immense attrait de l'Australie

Ci-dessus :
À Fremantle, on joue au croquet en regardant passer les bateaux.

Page de gauche :
À Sydney, on vit sur l'eau et le bateau est amarré devant la porte.
En Australie, la mer n'est jamais très éloignée du monde des loisirs.

Ils sont arrivés à la voile et s'en souviennent. De Sydney à Fremantle, les Australiens ont une passion immodérée pour la voile et leur pays-continent le leur rend bien. Dans son immensité, l'Australie, qui n'est que la plus grande île du monde, entretient un rapport avec la mer qui dépasse toutes les espérances. De la Grande Barrière de corail aux régions tropicales du nord, des côtes désertes du sud à la fantastique baie de Sydney, les Australiens pratiquent la mer et la voile sans modération. À Perth, par exemple, la voile est le passe-temps numéro un et prend des aspects parfois surprenants. La Swan River, qui relie Perth à Fremantle et à l'océan Indien, regorge de yacht-clubs ressemblant plus à des lieux sociaux qu'à des parkings à bateaux. Deux fois par semaine, le mercredi et le vendredi, des voitures arrivent dans un crissement de pneus. Des hommes d'affaires en train de se décravater en surgissent, sac de sport dans une main, pack de bière de l'autre. Femmes, enfants, tout le monde se précipite car il est important de ne pas rater le départ de la Twilight Race, la course sous les étoiles. Ici, le but du jeu n'est pas tant de se disputer comme des chiffonniers au passage des bouées que de passer du bon temps. Plus on est de fous, plus on rit, et chaque propriétaire invite ses amis, les amis de ses amis, et même les étrangers de passage car il importe qu'ils soient bien reçus. Les bateaux croulent sous le poids. À 18 h 30, le coup de canon de départ est donné et bien des canettes de bière ont déjà été dégoupillées. Il y a certes un parcours que tout le monde suit, bon an, mal an, mais sans vraiment s'occuper du réglage des voiles. La seule obligation consiste à éviter d'emboutir les bateaux voisins. On fait barrer ceux qui n'ont jamais essayé, et de toute façon, le spi est interdit. Pas question

Du port de Darling Harbour (*ci-dessus*) à l'opéra (*page de gauche*), Sydney s'apprête à vivre le changement de siècle sur l'eau. La baie sera le théâtre naturel des Jeux olympiques de l'an 2000.

de s'asseoir au rappel, comme dans les courses sérieuses, ici on peut aller se promener sur le balcon avant pour compter fleurette à une nouvelle rencontre. Dans une lumière d'enfer (le ciel de Western Australia est l'un des plus purs du monde) et poussés par les restes du Fremantle Doctor – ainsi dénommé car il s'agit d'une brise marine très fraîche qui adoucit un peu ce climat par ailleurs torride – les bateaux vont au gré de la rivière. Ils passent sous le nez des joueurs de cricket ou de croquet qui pratiquent leur sport favori sur des pelouses dignes des meilleurs golfs écossais, glissent en silence devant des villas paradisiaques enserrées dans une nature verdoyante, avant de revenir au club. De retour à terre, la soirée n'est qu'un de ces immenses barbecues dont les Australiens raffolent. Tout doit être terminé à minuit, c'est la loi locale, et, de toute façon, la plupart des participants se sont déjà écroulés depuis longtemps. Ainsi va la vie nautique en Western Australia. L'océan Indien à deux pas de là est beaucoup plus propice aux régates – c'est là qu'eut lieu en 1987 l'édition de la Coupe de l'America la plus spectaculaire de toute l'histoire – mais permet de s'échapper vers l'île de Rottnest et de se diriger vers l'un des trois grands caps mythiques, le cap Leeuwin, et éventuellement, à quinze jours de navigation de là, la Tasmanie, le détroit de Bass et Sydney.

De l'autre côté du continent, la baie de Sydney figure, au même titre que le Solent, le Newport Sound ou la Costa Smeralda au pinacle des plans d'eau de légende. C'est là qu'auront lieu les Jeux de Sydney en l'an 2000, que régatent les spectaculaires 18 pieds, sortes de libellules absolument incontrôlables qui sont les dériveurs les plus rapides au monde. C'est également de là que part chaque année, le lendemain de Noël, la grande classique Sydney-Hobart.

Côté croisière, au nord-est de l'Australie se cache le plus beau site de tout le continent : l'archipel des Whitsundays. Un secret bien gardé mais dont la réputation commence à se répandre à travers le monde comme une traînée de poudre. L'État de Queensland occupe tout le quart nord-est de l'Australie et sa côte est protégée par ce qu'il est convenu d'appeler la « huitième merveille du monde » : la Grande Barrière de corail. Ce formidable amalgame naturel de madrépores, qui s'étend chaque jour un

peu plus, constitue un rempart idéal contre la houle créée par l'alizé de sud-est qui souffle sur l'immensité du Pacifique sud. Tantôt proche de la côte, tantôt éloigné de plus de 100 milles, la Great Barrier Reef crée un interminable lagon émaillé d'îles qui n'ont rien à voir avec le corail. Les plus belles sont regroupées sous le nom d'archipel des Whitsundays, découvert par James Cook le dimanche de Pentecôte (d'où son nom) en 1770, et forme un groupe compact de soixante-quatorze îles particulièrement bien adaptées à la croisière. Il ne faut pas oublier que l'on est ici à la latitude de Tahiti (20° sud), que l'alizé crée un régime de vent rarement supérieur à 20 nœuds, que les eaux sont à la fois plates, chaudes et poissonneuses tout en restant soumises à des phénomènes de marée assez sensibles. Les choses n'ont pas beaucoup changé depuis l'époque de Cook. Tout ce territoire est inscrit au patrimoine mondial de l'UNESCO et possède un statut de parc national marin (le plus grand du monde !) depuis 1975. On ne peut donc pas faire n'importe quoi dans les Whitsundays. Une coutume surprenante veut que tout le monde ait l'obligation de cesser de naviguer à 16 h 20 et de ne plus quitter le mouillage jusqu'au lendemain 8 h 20. Il s'agit surtout d'une forme de sécurité, car l'immensité du périmètre est telle qu'il est impossible de le baliser. Les bateaux de location sont tenus de donner leur planning du jour, par radio, à leur base de départ. Une habitude à prendre que la configuration des Whitsundays autorise parfaitement. Séparées entre elles par des chenaux, ces îles, parfois plates et coralliennes, parfois vallonnées, alternent d'idylliques plages de sable blanc et des forêts de pins ou d'acacias dignes des grands lacs canadiens ! D'embouchures de rivières en

fjords encaissés, on circule entre des *cayes* coralliennes qui effleurent la surface (surnommées ici les *bommies*) et une jungle intense qui descend en pente douce jusqu'à une eau turquoise dont la température est invariablement fixée à 22 °C.

D'Hamilton Island, qui sert de base de départ en raison de la présence de l'aéroport le plus actif, on détaille les contours de Whitsundays Island, Hook Island et son fabuleux mouillage de Nara Inlet où se trouvent à la fois des caves peintes par les aborigènes et des cascades qui alimentent des vasques naturelles. Tarzan n'est pas loin ! Impossible de manquer la plage de Whitehaven qui figure sans hésiter dans le *top ten* mondial : trois kilomètres de sable immaculé – pardon, de poudre ! – bordés par une eau dont la couleur est forcément bleu des mers du sud. Comme souvent dans le Whitsundays, la marée et le corail se conjuguent pour imposer aux bateaux de rester à distance ; les catamarans qui pourraient s'approcher ne sont pas légion et seul un petit trajet en annexe ou une bonne séance de natation ouvrent les portes de ce paradis. Demain, il sera temps de mettre cap à l'est, vers la Grande Barrière de corail. Ou alors d'embarquer à bord d'un hydravion pour aller se poser en plein cœur du Reef, du côté de Hayman Island, limite autorisée de navigation. Ou encore plus loin, vers Lizard Island, tout au nord, là où la Barrière vient souder sa muraille au pied de la forêt tropicale. Là, où les bénitiers géants ne sont plus très éloignés des grands aigles à gorge blanche. Dans l'un de ces paradis où l'on se rend compte, mieux qu'ailleurs, que le monde est vraiment très beau et très grand.

Ci-dessus :
L'immense barrière de corail forme un rempart inattaquable qui protège l'archipel des Whitsundays des assauts de l'océan Pacifique.

Ce qu'il faut savoir...

Quand y aller

De juin à octobre, période de l'hiver austral, quand la saison sèche permet de profiter du meilleur du climat tropical. La saison des pluies est, en revanche, assez sensiblement marquée, ce qui peut se payer cher en averses à répétition. La température moyenne oscille entre 24 °C et 32 °C.

Comment s'y rendre

• À la voile : une seule solution, la location sur place. La durée de la traversée La Rochelle-Hamilton Island peut s'avérer dissuasive... Les catamarans dont les qualités sont parfaitement adaptées à cette région sont(hélas !) encore largement minoritaires.

• En avion : vingt-deux heures de vol pour Sydney via Quantas ou Air New Zealand, puis une correspondance, et à nouveau trois heures de vol. Ansett et Australian Airlines desservent également les destinations intérieures. Bateau-taxis, hydravions ou hélicoptères proposent des charters à des prix abordables pour aller de la côte vers la Great Barrier Reef.

À noter sur le livre de bord

• Monnaie : le dollar australien (1 $ A = +/- 4,02 FF).

• Décalage horaire : + 10 h.

• La navigation de nuit est non seulement impossible en raison des nombreux pâtés de corail, mais carrément interdite.

• Il est préférable d'embarquer un skipper si l'on veut naviguer dans la Grande Barrière de corail. Les courants et les marées rendent cette navigation quelque peu hasardeuse.

• La chasse sous-marine est interdite pratiquement partout dans les Whitsundays, le marlin se pêche entre septembre et décembre.

Les escales incontournables

• Hardy Reef, au large de Hayman Island.

• Airlie Beach et Shute Harbour, abris naturels des bateaux de charter.

• Un survol de la Grande Barrière en hydravion.

• Whitehaven Beach, sur la côte est de l'île Whitsunday.

• Nara Inlet, à Hook Island, le meilleur mouillage tout temps des Whitsundays.

• L'Ansett Hamilton Island Race Week, l'équivalent de la semaine d'Antigua, version hémisphère sud.

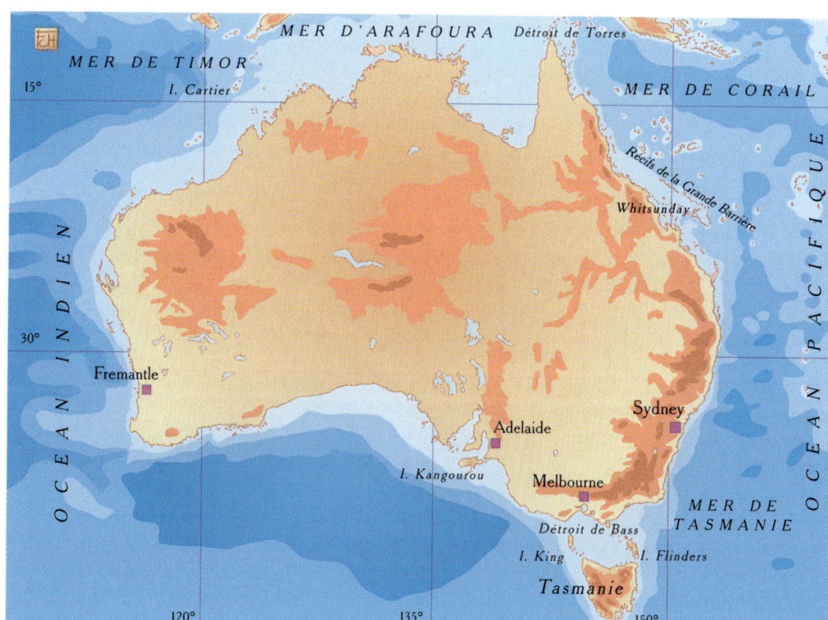

La Nouvelle-Zélande

Le futur de la voile

Littoral propice à la croisière, marins enthousiastes et innovants, bateaux omniprésents, la Nouvelle-Zélande est le pays de la voile par excellence.

Page de gauche :
L'île Fumante, à proximité d'Auckland.

La Nouvelle-Zélande pose un problème : tous ceux qui y ont séjourné longtemps n'ont qu'une seule envie : y retourner jeter l'ancre définitivement ! On savait que les fameux « kiwis » étaient les seigneurs des mers de notre époque, on savait qu'ils gagnaient toutes les courses que l'on puisse imaginer, de la Coupe de l'America au Trophée Jules Verne, en passant par l'Admiral's Cup et autres courses autour du monde. Pas un plan d'eau, pas une coupe qui ne soit tombée entre leurs mains, ce qui leur vaudra d'être les rois de la fête quand ils accueilleront le reste du monde, en baie d'Auckland en l'an 2000, pour la 30e édition de la Coupe de l'America. Ils ont les chantiers les moins chers du monde, les architectes les plus inventifs, les maîtres voiliers les plus créatifs, les skippers les plus célèbres et les équipiers les plus teigneux qui naviguent dans le sillage d'un « Sir » Peter Blake anobli à force d'avoir remporté toutes les plus grandes régates. Il serait tentant de penser que ces marins des antipodes sillonnent les eaux de la planète pour mieux échapper à leur bout de terre australe terriblement isolé. Erreur fondamentale. Si les Néo-Zélandais naviguent aussi bien, c'est qu'ils commencent dès leur plus jeune âge, qu'ils naviguent beaucoup autour d'un pays qui est d'abord une île, mais constitue surtout un merveilleux espace naturel pour la croisière.

Aotearoa – le pays du long nuage blanc – tel est le joli nom que donnent les Maoris à cette terre où ils débarquèrent les premiers, après avoir traversé le Pacifique d'île en île. Dans le sillage de l'explorateur hollandais Abel Tasman qui découvrit ces terres pour le monde occidental en 1642, puis de James Cook qui y mena une exploration approfondie cent trente-cinq ans plus tard, les Européens finirent par prendre possession de la Nouvelle-Zélande en 1840 par le traité de Waitangi. Cette date récente explique en partie un trait marquant du caractère original de la Nouvelle-Zélande : la cohabitation des deux cultures, la maori et l'européenne, parfois unies, parfois discordantes, ce qui vaut à la géographie locale d'alterner le vocabulaire des deux mondes. Seul point commun à l'origine : les hommes et les femmes qui ont mis le pied sur cette terre étaient tous de hardis navigateurs !

L'histoire n'est jamais très éloignée lorsque l'on parcourt la Nouvelle-Zélande. Non seulement parce qu'elle est récente et très présente dans la conscience collective, mais aussi parce que le pays est intact et n'a quasiment pas changé depuis l'époque des premiers colons. C'est du reste la grande qualité de « Kiwiland » que d'être constitué d'une nature sauvage qu'à peine trois millions et demi d'habitants, répartis sur un territoire qui irait de l'Écosse à la mer Méditerranée, n'ont pas les moyens d'occuper dans son intégralité et encore moins d'abîmer. Non seulement ils n'en ont pas l'intention, mais les « néozeds » sont particulièrement concernés par les problèmes d'environnement et sont carrément sensibles à la préservation des sites qu'ils ont transformés en parcs nationaux surveillés.

Auckland, également surnommée « la ville des voiles », vit au rythme de son port, qu'il s'agisse des mouvements des navires de commerce, mais aussi des grands rassemblements qui font sortir tous les voiliers dans la baie : l'arrivée de la Whitbread – la course autour du monde – en est un, et la prochaine Coupe de l'America promet, dans ce domaine, d'atteindre des sommets. Auckland est une ville de grands espaces aux maisons entourées de jardins. Ancrée au fond du golfe de Hauraki dans laquelle se trouvent des îles qui ont pour nom Rangitoto, Motutapu, Waiheke, Rotoroa, Ponui ou Pakihi ou la presqu'île de Whangaparaoa, Auckland est le port de départ évident pour toutes ces destinations immédiates, faciles à atteindre à la voile en eaux abritées.

La croisière la plus classique des « Aucklanders » s'appelle la Square Cruise – la croisière carrée – qui explore en un quadrilatère presque parfait, trois destinations majeures qui ne quittent pas les eaux partiellement abritées du golfe de Hauraki. Au sortir de la baie d'Auckland, on navigue d'abord vers le nord en direction de l'île de Kawau qui est une destination typique de la manière dont les Néo-Zélandais apprécient la nature : pas de routes mais des chemins qui serpentent sous une végétation fournie, pas d'hôtels, pas de magasins, seulement quelques *bachs,* les résidences secondaires des Aucklanders fortunés qui tiennent plus de la cabane canadienne que de la villa sophistiquée. Leur plaisir, c'est la pêche, tirer quelques bords à la voile avec des amis, ouvrir des coquilles Saint-Jacques ou découper des filets de poissons avec une bière à portée de main. Le seul signe extérieur de richesse sera, peut- être, l'hélicoptère parqué à deux pas de là, il permet d'effectuer plus rapidement les allers-

retours vers Auckland. À quelques milles au large dans le Pacifique, l'île de Great Mercury, qui appartient au célèbre banquier Michael Fay, respire à ce rythme. Elle est privée, mais on peut venir y mouiller si l'on respecte la tranquillité des lieux et la nature. Des familles profitent de la plage et dans l'arrière-pays, Toby Morcom, le commodore du yacht-club qui mit la Coupe de l'America cul par-dessus tête en 1988, garde toujours ses moutons en moto...

Généralement luxuriant, le littoral n'est pas le seul champ de croisière en Nouvelle-Zélande : on peut aussi naviguer sur les lacs comme celui de Wakatipu (*ci-dessus*), dans l'île du sud.

Le deuxième bord de la Square Cruise file en direction de l'est, vers un tout autre monde, l'île de Great Barrier, à condition d'avoir obtenu l'autorisation d'y mouiller. Il s'agit d'un parc national couvert d'une forêt vierge très dense qui est un véritable laboratoire d'espèces animales pour les oiseaux, insectes ou reptiles introuvables ailleurs dans le monde. Les deux derniers bords qui ramènent vers Auckland détaillent à leur tour les nombreux mouillages de la presqu'île de Corromandel.

On peut cependant préférer naviguer en eaux ouvertes et filer, cap au nord, vers l'autre destination privilégiée des Néo-Zélandais, située à 80 milles, soit une journée de navigation, qui s'appelle la baie des Îles. En réalité, c'est au fond de cet ensemble de rades très profondes et de langues de terre extrêmement vertes que s'est véritablement construite l'histoire du pays. C'est là que s'arrêta James Cook, c'est là que fut tué le navigateur français Marion Dufresne, c'est là encore que s'est érigée Russel, la première capitale du pays, tout en devenant ce qu'il était convenu d'appeler « le bouge du Pacifique ». Aventuriers, marchands, filles faciles et

Les Kiwis ont ramené la Coupe de l'America chez eux en 1995 et doivent la défendre face au reste du monde. La Cup 2000 constituera donc un excellent alibi pour aller tirer quelques bords en croisière au départ d'Auckland.

boucaniers sans foi ni loi y avaient formé une sorte de monde à part, finalement remis dans le droit chemin par la force avant la signature du traité de Waitangi. La ville existe toujours et a su conserver ses maisons de style colonial ainsi que les vestiges d'anciens villages fortifiés maoris à l'entour. Sur le plan pratique, la petite ville d'Otua, située au fond de la Bay of Islands, est le centre actif de la plaisance. Elle abrite les sociétés de louage qui permettent de profiter des charmes de cette région sans avoir à effectuer le trajet maritime depuis Auckland. C'est depuis Otua que l'on hissera les voiles pour butiner, de mouillages déserts en sites maoris, une région encore vierge où la lumière de l'été austral plante chaque matin un décor extraordinaire, tout droit sorti de la grande épopée des découvreurs d'océans.

Les paysages maritimes pourraient ressembler à ceux de l'Écosse, les collines avoisinantes à celles de l'Auvergne ou du Limousin avec, à leurs pieds, des falaises blanches découpées de criques privées, parées de sable blanc à marée basse. L'eau est très agréable en été, les poissons abondent, les mouillages sont rarement occupés par plus de deux ou trois bateaux. Le temps est changeant et si, d'aventure, un front réussit à remonter du fond des quarantièmes rugissants, il sera temps de mettre pied à terre et d'escalader la colline au pied de laquelle le bateau est mouillé. La Nouvelle-Zélande est un jeune pays qui a le savoir-vivre des civilisations les plus anciennes.

Ce qu'il faut savoir...

Quand y aller

La période la plus propice est l'été austral – l'hiver européen – avec un plus pour les mois de février-mars. Le climat subtropical qui baigne la Nouvelle-Zélande est océanique (tempéré avec vents d'ouest dominants) et permet de naviguer toute l'année. Les mois de juillet, août et septembre sont sensiblement plus humides.

Comment s'y rendre

Pas de demi-mesure, il n'y a rien de plus éloigné !

• À la voile : les bases de départ sont Auckland pour une croisière dans le golfe de Hauraki, ou Otua pour un séjour maritime dans la baie des Îles située plus au nord. Une croisière dans l'île du sud partira de Wellington pour explorer la zone du détroit de Cook ou de Christchurch. L'avantage, c'est que l'on disposera certainement d'un voilier

plus performant que la moyenne de ceux que l'on peut louer en Europe. Les Néo-Zélandais ont horreur de naviguer sur un bateau qui n'avance pas et le climat local les pousse à avoir des bateaux à la fois solides et performants.

• En avion : Air New Zealand via Los Angeles à partir de Londres ou Francfort, Quantas au départ de Paris, via Singapour et Sydney, ou encore British Airways, Cathay Pacific. Compter vingt-six heures de vol plein et une trentaine d'heures de voyage.

À noter sur le livre de bord

• Monnaie : le dollar néo-zélandais (1 NZD : +/- 3,50 FF).

• Décalage horaire : - 12 h, impossible de faire plus !

Les escales incontournables

• Le Royal NZ Squadron, à l'issue de la régate du mercredi soir.

• Hauraki Gulf un jour de départ de la Whitbread. Inouï : certains s'y rendent en barge !

• Le Club House du Mercury Bay Boating Club : une Ford Zéphyr Mark II de 1956 vert bouteille.

• Les marlins bleus, noirs et rayés et les thons albacore, s'ils se laissent pêcher.

• Les cascades de Rainbow Falls, en remontant le bras de mer de Kerikeri.

• Le Tira Hora Lodge, à Bay of Islands.

• Russell, le bouge du Pacifique, ou ce qu'il en reste...

• La baie de Whangaroa Harbour, dans la Bay of Islands et, juste à côté, la baie de Pekapeka.

• Le Marlborough Sound, entre les deux grandes îles, constitue également une superbe destination de croisière.

• Viaduct Basin lors de la Coupe de l'America en l'an 2000. Soyez-y !

Le cap Horn et la Terre de Feu

La croisière ultime

Les canaux sinueux de la Terre de Feu permettent de naviguer en eaux abritées dans l'un des endroits les plus fascinants de la planète. Mais le ciel est rarement dégagé et les coups de vent sont aussi soudains que violents.

Cap Horn ! Le nom magique résonne dans les oreilles des navigateurs comme « Everest » dans celles des montagnards. L'imagination s'envole, la légende vagabonde, l'histoire s'impose. Il n'existe pas de caillou plus austère, de cap plus sinistre, de destination plus difficile à atteindre. Les récits des anciens en faisaient le pire des tueurs d'hommes, à l'époque où, pour se ruer vers les mines d'or de Californie, les grands voiliers n'avaient pas d'autre solution que d'aller se jeter dans sa gueule de loup contre les tempêtes du Pacifique sud – les canaux de la Terre de Feu étaient alors jugés trop dangereux. Passer le « cap dur », contre vents et courants au sud du continent américain, revenait, à cette époque, à jouer sa vie à pile ou face. À bord de bateaux qui remontaient au vent comme la fumée, lourdement chargés, mal équipés, les équipages de jadis n'avaient d'autre choix que de se signer avant d'embouquer le détroit de Drake. Il s'agit plus simplement de l'une des pires portions d'océan de la planète où il ne fait pas bon traîner lorsque la houle, qui enfle tout autour de la terre à la latitude des cinquantièmes hurlants, vient buter sur le plateau rocheux qui prolonge l'extrême pointe de l'Amérique latine. Le couloir, dans lequel les dépressions du Pacifique sud sont obligées de passer en force pour éviter la cordillère des Andes, accélère leurs vents déments sur le relief. Ce sont ces phénomènes qui font la légende du cap Horn. Puis, la vapeur fit son apparition et l'ouverture du canal de Panama mit fin à la légendaire épopée des cap-horniers. La nature, elle, n'a pas bougé.

De nos jours, des courses vont et viennent autour du sinistre caillou pratiquement chaque année. Les bateaux sont plus rapides, plus solides, le matériel est plus performant, les hommes sont mieux équipés et mieux nourris, les prévisions météo existent et sont devenues plus fiables. Et surtout, la plupart s'arrange pour virer le cap Horn à la « belle » saison. Mais le Horn reste le Horn. Tout autant que la difficulté de doubler le caillou lui-même, c'est le temps de navigation nécessaire pour atteindre de si basses latitudes, puis en revenir en remontant le long des côtes inhospitalières du Chili ou de l'Argentine qui font sa difficulté. Ou pire encore : la traversée de l'interminable océan Pacifique aux latitudes sud.

Le cap Horn est-il vraiment la croisière de l'impossible ? Pas forcément. Au bout du continent sud-américain, au-delà de la Patagonie, se cache la Terre de Feu qui est avant tout une sorte d'union complexe entre la terre et la mer, un labyrinthe qui porte mal son nom car il s'agit surtout d'une terre froide, partiellement recouverte de glace, battue par les vents, aride et quasiment désertique. Oui, mais comment expliquer que les grands navigateurs qui ont un jour affronté l'océan Pacifique pour venir virer le Horn en course n'aient qu'une idée en tête : y retourner pour prendre le temps d'y effectuer une croisière extrême ? Comment se fait-il que quelques-uns des bateaux de croisière qui naviguent tout autour du monde, ceux qui ont été taillés pour sillonner la planète, de la mer des Tonga à l'Alaska, finissent tous par venir dans ces parages ? Comment expliquer que ceux qui ont déjà eu l'opportunité de croiser dans cette terre du bout du monde n'aient qu'une seule envie : recommencer ?

Dès lors, il y a deux manières de procéder : soit avoir la chance d'embarquer un jour à bord d'un grand yacht qui, partant du Brésil, s'en ira rejoindre la Californie ou les Galapagos en passant par la Terre de Feu. Soit contacter les quelques rares bateaux qui font du charter – que l'on peut qualifier d'extrême – dans cette région du globe.

Les clippers

Destinés au transport des marchandises, dessinés et construits pour aller le plus vite possible sur la route du thé (vers l'Inde), du jasmin (la Chine) ou de l'or (la Californie), taillés pour le long cours et la navigation dans les latitudes hostiles, habitués à doubler les grands caps quelle que soit la saison, les clippers étaient les fusées intersidérales du siècle dernier. La course que se livraient les longs courriers était surtout commerciale, dans la mesure où le premier arrivé pouvait vendre sa cargaison au meilleur prix. Qu'ils aient été construits en bois, en métal ou dans les deux matériaux, les clippers tranchaient par leurs coques basses et fines, généralement propulsées par un gréement à trois phares carrés, et étaient considérés par les marins de l'époque comme le sommet de l'art de la voile. Le plus célèbre et le plus grand d'entre tous fut le fameux *Flying Cloud* qui établit sous la férule de son capitaine, Josia Perkins Cressyn, le record du trajet mythique entre New York et San Francisco, via le cap Horn, en 89 jours et 8 heures, record tenu pendant cent trente-cinq ans, et battu en 1989 par l'américain Warren Lurhs à bord de *Thursday's Child.*

La première solution appartient au domaine du rêve. La descente aux enfers s'effectue à bord d'un bateau du grand large, conçu pour naviguer loin, longtemps et capable d'affronter tous les types de temps. La dernière escale « civilisée », sur la côte atlantique, est en Argentine et s'appelle Mar del Plata. Au-delà, la côte est quasiment vierge de ports ou de baies abritées, et reste soumise aux pamperos, les coups de vent qui tombent sur l'océan, après avoir parcouru la lande patagone, sans rencontrer la moindre opposition. Seule la péninsule de Valdès abrite les libations des baleines qui viennent s'y reproduire. Quelques rares abris ou ports de pêche du bout du monde, la plupart du temps quasiment déserts émaillent les centaines de milles de côtes inhospitalières qui vont du nord au sud, et qui ont pour nom : Caleta Hornos, Caleta Helena, Camarones, Puerto Deseado ou Puerto San Julian. Puis, vient l'entrée du détroit de Magellan, et au-delà, la Terre de Feu.

Ci-dessus :
Ushuaia, le bout du bout du monde, est la dernière escale avant le mythique cap Horn et s'atteint via l'Argentine.

Page de gauche :
Côté chilien, c'est Puerto Williams qui assure le rôle de port ultime.

Côté Pacifique, la nature est à peine plus favorable, mais la descente vers le sud peut s'effectuer en partie à l'abri d'une série d'îles – l'archipel Gayaneco – qui permet de naviguer en eaux abritées entre le golfe de Penas et le détroit de Magellan. Au pied de la cordillère des Andes, les décors y sont aussi grandioses que désertiques : falaises abruptes, végétation minimale, cascades pulvérisées par le vent, immenses glaciers qui butent sur l'élément liquide pour y laisser tomber, parfois à grand fracas, des tonnes de glace. Les coups de vent sont brusques et violents, ce sont les fameux williwaws. Les eaux sont froides mais pleines de vie : otaries, phoques, cygnes ou oiseaux de mer de tout tonnage sont ici chez eux. Les quelques tribus indiennes, qui avaient réussi à survivre dans ces régions inhospitalières, ont aujourd'hui quasiment disparu, après que les explorateurs européens leur ont fait don de microbes contre lesquels elles n'avaient aucune défense immunitaire.

C'est à leur manière de communiquer par signaux de fumée que l'on doit le nom de Terre de Feu.

Et puis, encore plus loin, il y a l'extrême pointe sud du continent américain et le cap Horn. Deux pays, le Chili côté ouest et l'Argentine côté est, se partagent les lieux sans amitié particulière. Le cap Horn est chilien, la ville ultime côté pacifique s'appelle Punta Arenas, sa base avancée extrême, Puerto Williams, est essentiellement un port militaire. Pour l'Argentine, côté Atlantique, il s'agit d'Ushuaia, qui est à l'ouvert du canal de Beagle et sert de repaire à des flottilles de pêche, des navires militaires ainsi qu'aux quelques rares yachts de plaisance qui patrouillent la région en faisant du charter. Ushuaia est une ville d'environ trente mille âmes qui hésite entre Eldorado et Far West, dans laquelle se côtoient, autour d'un mélange sans charme, maisons préfabriquées, 4x4 japonais, boutiques hors-taxes et bars enfumés par une population hétéroclite dont les voyageurs de l'extrême ne sont pas les moins voyants. Avec quelque part, l'impression d'être au bout du monde, à deux pas d'une énorme bombe naturelle prête à exploser au passage de chaque dépression. Ce qui n'empêche pas d'aller tenter sa chance en sortant du canal de Beagle pour naviguer vers le sud, à presque cent milles de là, en direction du cap Horn. Après deux ou trois jours de navigation en direction de l'est dans le canal de Beagle, si le temps est beau, l'étrave oblique vers le sud, contourne les pics ultimes de l'île Navarin, en direction des îles Wollatson. Si une dépression passe par là, il n' y aura pas d'autre solution que de se mettre à l'abri et d'attendre au mouillage. En cas d'attente prolongée, les promenades à terre ne seront pas forcément une partie de plaisir car le vent glacial, la tourbe et les buissons compacts sont ici de faux amis épuisants. Si le vent ou la houle viennent de l'est, il faudra remettre à plus tard l'espoir de débarquer sur la petite plage qui permet d'aller rendre visite aux trois militaires volontaires – relevés seulement tous les trois mois – qui sont plantés au sommet du cap Horn. Sur les 6 kilomètres carrés que représentent leur royaume, il n'y a qu'une cabane pour le radar, une autre pour les hommes et une chapelle pour l'éternité. Et si par hasard le miracle a lieu, il ne faudra pas se plaindre si le vent, qui vient de se lever en quelques minutes à force 10, oblige à prendre la poudre d'escampette en un embarquement réflexe. Ici, la nature n'est pas hostile, simplement, l'homme n'y a pas sa place...

Ci-dessus et page de droite :
Au-delà du cap Horn, il n'y a plus rien que l'océan.
Ici, les bateaux susceptibles de divertir la faune locale sont assez rares...

Ce qu'il faut savoir...

Quand y aller

De décembre à mi-mars, durant l'été austral, ce qui ne garantit pas un temps beau, sec et chaud.

Comment s'y rendre

• À la voile : on peut partir de Nouvelle-Zélande, mais la route entre Auckland et le cap Horn est l'une des plus longues (4 829 milles) et des plus dures du monde (tempêtes extrêmes, vagues gigantesques, froid et icebergs). Depuis Valparaiso (Chili) ou Mar del Plata (Argentine), le voyage est plus court mais le programme à peine plus réjouissant. Pour navigateur hauturier confirmé seulement et prêt à en baver qui plus est !

• En avion : plus « classiquement », pour rejoindre Ushuaia il faut d'abord voler jusqu'à Buenos Aires, puis prendre une correspondance pour Ushuaia. Côté chilien, on rejoint d'abord Santiago puis Punta Arenas avant d'atteindre Puerto Williams.

À noter sur le livre de bord

• Monnaie : le peso (10 000 pesos = +/- 1,35 FF), mais le dollar fait bien l'affaire.

• Décalage horaire : - 3 h.

• Un visa est nécessaire pour se rendre au Chili.

Les escales incontournables

• Les baleines le long de la péninsule de Valdès.

• Les éléphants de mer, les pingouins, les glaciers et les castors.

• Les bouges d'Ushuaia.

• Le cap Horn !

Index

Adresses utiles

Pratique de la voile
• Fédération française de voile :
55, avenue Kléber 75016 Paris.
Tél. : 01 44 05 81 00.
• Union nationale pour la course au large :
face au 36, quai le Gallo 92100 Boulogne.
Tél. : 01 46 04 17 80.

Professionnels du nautisme
• Fédération des industries nautiques :
port de Javel-Haut 75016 Paris.
Tél. : 01 45 77 79 79.

Cartes et documents
• Service hydrographique
et océanographique de la marine :
BP 426 29275 Brest.

Sauvetage en mer
• Société nationale de sauvetage en mer :
9, rue de Chaillot 75116 Paris.
Tél. : 01 47 23 98 26.

Administration
• Service des affaires maritimes, bureau
de la plaisance et des activités nautiques :
3, place Fontenoy 75017 Paris.
Tél. : 01 44 49 80 00.

Météo
• En France
– Tél. : 08 36 68 08 08.
Accès à tous les bulletins départementaux
avec une déclinaison « rivage », « côte »,
« large », « funboard » et « surf ».
– Minitel : 3615 météo.
Les services de météo France avec
une page « Mer » pour chaque département.
– Minitel : 3615 Met et 3617 Méteoconsult.

• À l'étranger
– Tél. : 08 36 70 08 08.
Bulletins à cinq jours d'échéance pour
quinze pays incluant la Grèce, l'Italie,
l'Espagne, la Turquie et le Royaume-Uni.
– Tél. : 08 36 68 02 00.
Conditions météorologiques observées
dans les DOM-TOM, fréquemment
réactualisés en cas d'alerte cyclonique.
– Minitel : 3617 Météo.
Observations, climatologie et prévisions
pour les pays européens.

Charter et location
Les généralistes sont présents sur tous
les continents et possèdent des bases
spécifiques et les flottes les plus complètes.
À consulter quelle que soit la destination.
• Moorings :
64, rue Jean-Jacques Rousseau 75001 Paris.
Tél. : 01 53 00 30 30.
• Stardust-Alcyon :
20 bis, avenue Mac-Mahon 75017 Paris.
Tél. : 01 40 68 68 68.
• Sunsail France :
50, rue de Paradis 75010 Paris.
Tél. : 01 44 79 01 10.
• VPM-Dufour Yachting :
87, boulevard de Grenelle 75015 Paris.
Tél. : 01 47 83 73 84.

Les loueurs spécialisés ne sont présents
que sur quelques bassins de navigation
où ils sont bien implantés. À consulter
une fois la destination choisie.
• Manche/Bretagne/Atlantique
– Bambou Yachting :
route du Cousin 78830 Bullion.
Tél. : 01 30 88 41 34.
– Bretagne Location :
38, cours des Quais
56470 La Trinité-sur-Mer.
Tél. : 02 97 55 81 01.
– Eridan :
port du Moulin-Blanc 29200 Brest.
Tél. : 02 98 41 58 33.
– Loc Voile Armor :
esplanade du Nouveau Port
22410 Saint-Quay-Portieux.
Tél. : 02 96 70 92 94.
– Locabato :
BP 12 29940 La Forêt-Fouesnant.
Tél. : 02 98 51 40 41.
– Localix :
port de Plaisance, BP 43 44380 Pornichet.
Tél. : 02 40 61 78 20.
– Loch 2000 :
place de l'Europe
78860 Saint-Nom-la-Bretèche.
Tél. : 01 34 62 00 00.
– Nautiloc :
quai des Voiliers, BP 7 56640 Arzon.
Tél. : 02 97 53 76 57.
– Rivages :
port des Minimes, 17000 La Rochelle.
Tél. : 05 46 44 70 93.

• Provence/Côte d'Azur/Corse
– Apaca :
28 B Centre du nautisme 83400 Hyères.
Tél. 04 94 38 43 01.
– Artimon :
ZT n° 2 30240 Port-Camargue.
Tél. : 04 66 53 40 18.
– Bandol Bateau :
10, boulevard Victor-Hugo 83150 Bandol.
Tél. : 04 94 29 48 94.
– Calvi Marine (Corse) :
Les Chênes verts, route de Porto
20260 Calvi.
Tél. : 04 95 65 01 12.
– Copromer (Corse) :
Chemin de Tenda, route de Bastia
20137 Porto-Vecchio.
Tél. : 04 95 70 49 55.
– Diapason :
Centre du nautisme, n° 1
83400 Hyères-Port.
Tél. : 04 94 57 35 12.
– Évasion Location :
13, quai Aristide-Briand
83430 Saint-Mandrier.
Tél. : 04 94 63 69 70.
– HW Location-Iberis Yachting :
28, rue du Fer-à-Cheval
83310 Port-Grimaud.
Tél. : 04 94 56 13 49.
– L'Île Bleue (Corse) :
2, boulevard de l'Aiguillon 06600 Antibes.
Tél. : 04 93 34 64 65.
– Midi Nautisme :
13, place aux Huiles 13001 Marseille.
Tél. : 04 91 54 86 09.
– Propriétaires Associés (Corse) :
port de l'Amirauté, 20000 Ajaccio.
Tél. : 04 95 20 92 55.
– Soleil Rouge :
74, quai du port 13002 Marseille.
Tél. : 04 91 90 60 67.
– Wanako Location :
centre du nautisme n° 5 83400 Hyères.
Tél. : 04 94 57 77 20.
– Yachting Central :
quartier Latin IV B 83600 Port-Fréjus.
Tél. : 04 94 53 69 34.

Divers
• British Tourist Authority :
63, rue Pierre-Charron 75008 Paris.
Tél. : 01 42 89 11 11.
• Office suédois du tourisme :
18, boulevard Malesherbes 75008 Paris.
Tél. : 01 53 43 26 27.
• Office du tourisme espagnol :
43, rue Decamps 75116 Paris.
Tél. : 01 45 03 82 50.
• Bemextour (pour la Croatie) :
4, avenue Desfeux 92100 Boulogne.
Tél. 01 46 08 31 09.
• Dubrovnik Plus :
5, place Charasse 92400 Courbevoie.
Tél. : 01 46 67 39 10.
• Office national hellénique du tourisme :
3, avenue de l'Opéra 75001 Paris.
Tél. : 01 42 60 65 75.
• Office de tourisme de Turquie :
102, avenue des Champs-Élysées
75008 Paris.
Tél. : 01 45 62 78 68.
• Office de tourisme des Bahamas :
60, rue Saint-Lazare 75009 Paris.
Tél. : 01 45 26 62 62.
• Ambassade d'Australie :
4, rue Jean-Rey 75015 Paris.
Tél. : 01 40 59 33 00.
• Ambassade de Nouvelle-Zélande :
7 ter, rue Léonard-de-Vinci 75116 Paris.
Tél. : 01 45 00 24 11.

Responsable artistique
SABINE BÜCHSENSCHÜTZ

Édition
CÉCILE AOUSTIN

Maquette et secrétariat d'édition
WAGONS DESIGN ÉDITIONS

Photogravure, impression et reliure :
Pollina, à Luçon
Dépôt légal : 9439 – juin 1998
ISBN : 2.85.120.521.8
65/0781.8/01
N° d'impression : 74497